申活志

上海市地方志办公室 编

上海文艺出版社

总策划　王玉梅　姜复生

策　划　张　磊

主　编　刘雪芹

编写组　（以姓氏笔画为序）
　　　　石梦洁　刘雪芹　吕志伟　张玉叶　陈　畅
　　　　赵明明　姜复生　黄晓明　彭　华　翟　辉

插　画　王人和

"申"活在这里

很多人喜欢说"生活在别处",憧憬自己未曾经历的一些可能。但若是用心体会,会发现其实生活就在这里,眼前的光景,每时每刻都有不一样的色彩。上海即如此,每天穿过的弄堂、街角的老建筑、路口的咖啡馆……看似平淡日常,却升腾着有上海味道的烟火气。若进一步探寻日常背后的故事,生活其间的人,更可发现生动的细节,看到一个不一样的上海。

让不了解上海的人了解上海,让了解上海的人更爱上海,是上海市地方志办公室"上海方志讲师团"成立的初心。地方志是一方之全史,是一个地区的百科全书。过于"厚重"的地方志书时常被"束之高阁",为了让方志走出"深闺",走入寻常百姓家,上海方志讲师团尝试将厚重的地方志成果转化成大众喜闻乐见的故事。一年多

来，上海方志讲师团通过进机关、进企业、进社区、进学校、进军营等，累计开展讲座百余场，有听众万余人，探索了主题讲座、沉浸式研学、CITY WALK、短视频等多种授课形式，形成了"何以上海·志在YUE读""上海滩大讲堂·志在上海""上海人文历史研学营""上海微志"等几大品牌，受到了各机关、企事业单位、大中小学校等多方好评，拓展了方志文化的辐射面，提高了上海方志文化品牌的知名度和影响力。

"何以上海·上海微志"系列丛书是讲师团的品牌之一。第一辑《申活志》以上海的"衣食住行"为切入点，选取咖啡馆、体育馆、图书出版、博物馆、公园、火车站、电影院、百货公司、地铁、城市地标等主题，在这本小书里更生动地展示上海的社会生活。而生活在这里的人，也能

通过这本小书,更加了解上海。希望,这本《申活志》既是与"新上海人"的初次邂逅,为他们打开认识上海的一扇窗;也是与"老上海"的久别重逢,让他们每每重温都如初见般惊喜。

上海方志人化身为阿芳和大志,带领大家在历史与当下交织的长河中穿梭往来,考古城市,感知变迁,触摸记忆。愿这本小小的口袋书跟随读者们,一同来一场想走就走的街区漫步。严谨不改,创新形式,方志正以更加轻盈多彩的姿态,走进大家的生活,让我们一起用童年记忆里的"东西南北",打开这本书吧!

编者

2024 年 12 月

9
35
61

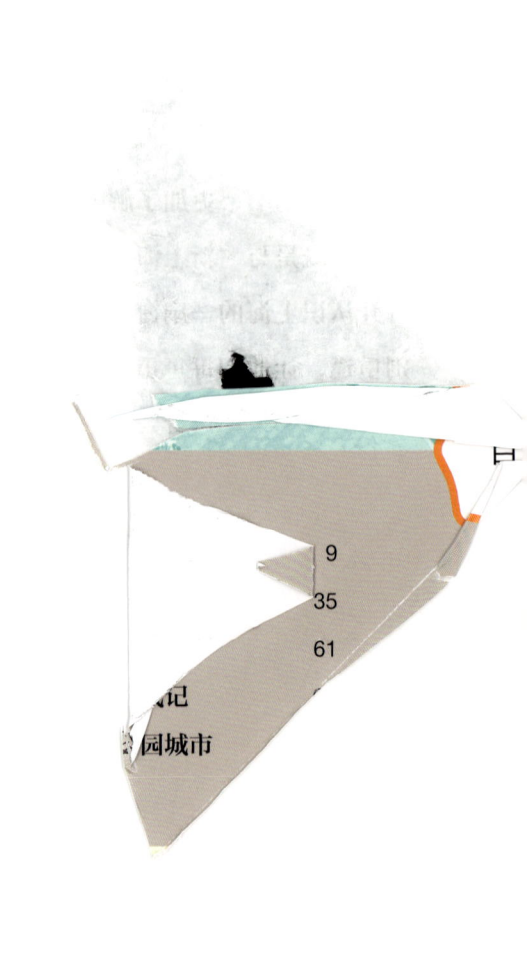

记
园城市

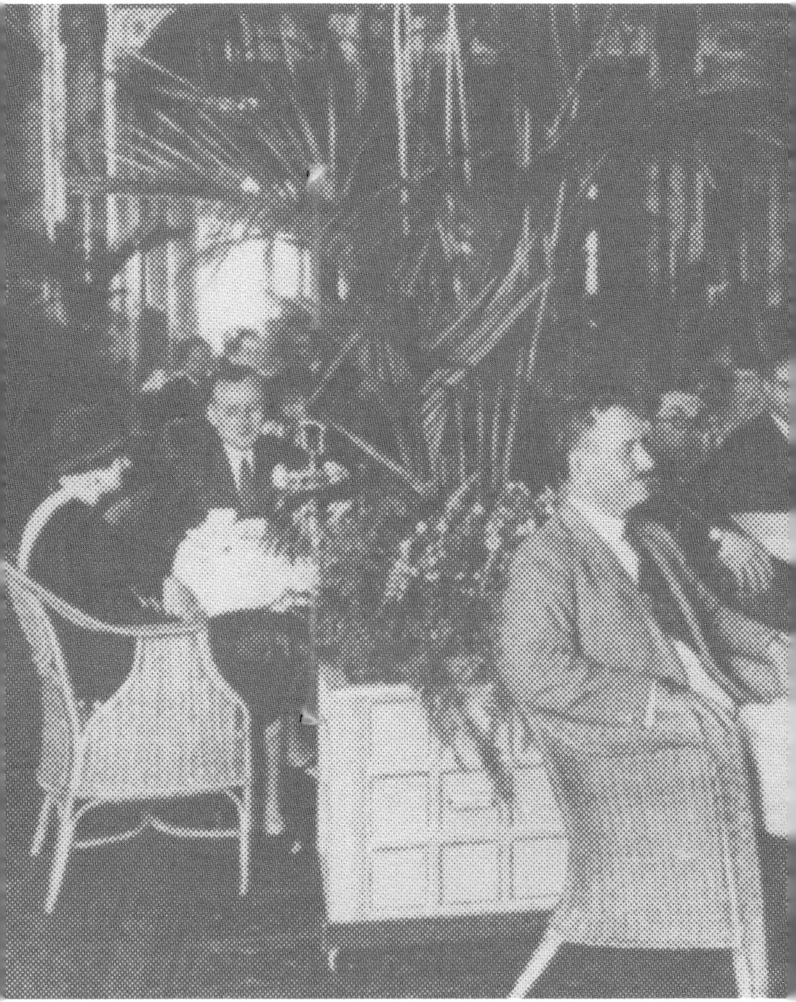

的陆上门户	145
之城	171
城"剁手"指南	199
轨道上的大都会	221
地标,城市的风景线	245

"啡"常上海

露天花园里吃下午茶的人们

若问咖啡在中国哪座城市的流行度最高,上海当仁不让。从近代开埠咖啡随着西方人来到上海,到今天坐拥9000多家咖啡馆,在一百多年的时间里,咖啡与上海这座城市结下了深厚的渊源。

从coffee的译名谈起

咖啡进入上海其实并没有一个非常确切的时间,传入的过程也很简单——1843年上海开埠,西方人陆续来到这里,为了保持自己的饮食习惯,自然而然地就带来了咖啡。

最初咖啡由洋行贩售,后来咖啡馆、西餐社逐渐开始自己焙炒调制。上海地区关于咖啡的文献材料,早期多见于外贸货单,如1844年的一份验货单上记录着"公正行进口了枷榧豆5包",这里的"枷榧",就是早年"coffee"一词的诸多音译之一。

为了适应外国人吃西餐的需要,培训中外餐厅、厨房的人员是不可或缺的一环。当时,有一位美国南浸信会的传教士名叫高第丕(Tarleton Perry Crawford),他和夫人(Mrs. Crawford,全名 Martha Foster Crawford)于1852年来沪传教。夫妇俩编写了不少中文的传教手册以及生活百科类的小书。1866年,高第丕夫人出版了私家食谱《造洋饭书》,

以满足广大来华西人对西餐烹调的殷切需求。作为当时的西餐烹饪指南，此书一经推出，广受欢迎。有版本学的研究者发现，自1866年初版之后，这本书在清末至少加印3次（1885、1899、1909），足见当时西餐在沪上的风靡。

《造洋饭书》除了前言是英文，正文都用汉字书写，书中介绍了二百六七十种西菜料理方法，其中就包括咖啡的做法，这也是目前所知最早介绍咖啡的烹饪书籍。在这本书中，咖啡被翻译成"磕肥"，这也是coffee在中国较早的一种译名。

磕肥　猛火烘磕肥，勤铲动，勿令其焦黑。烘好，乘热加奶油一点，装于有盖之瓶内，盖好。要用时，现轧。两大匙磕肥，一个鸡蛋，连皮（注：文意不清，疑为蛋清）下于磕肥内，调和起来，燉十分时候，再加热水二杯，一离火，加凉水半杯，稳放不要动。

除了"枷榧""磕肥"之外，在清末的报刊书籍中，关于coffee的翻译可谓繁多。英国传教士马礼逊（Robert Morrison）编写了《华英字典》。在这本世上第一部英汉对照字典中，coffee译作我们今天最常用的"咖啡"二字。林则徐于1839年组织编译的《四洲志》中，coffee就至少出现了"架非""加非""架飞"等3种译名。清末，民国的上海第一大报《申报》第一次提及咖啡，则在1873年9月22日《电报英京巨银行闭歇事乃系讹传》一文中，文中 coffee 写作"加非"。

当时的文人也经常在自己的诗词题咏里言及这种新鲜饮料。如光绪十三年（1887）刊印的《申江百咏》，收录了一段竹枝词："几家番馆掩朱扉，煨鸽牛排不厌肥。一客一盆凭大嚼，饱来随意饮高馡。""馡"，是"香气"的意思，"高馡"二字可以说是翻译得十分精准了。光绪三十三年（1907）的《沪江商业市景词》中也描写咖啡："考非何物共呼名，市上相传豆制成。色类砂糖甜带苦，西人每食代茶烹。"民国初年鸳鸯蝴蝶派的大家周瘦鹃，有《生查子》一阕，词中一句"更啜苦加非，绝似相思味"，端的是风情万种、柔肠千回。

此外，我们还看到"珈琲""茄菲"等译名。直到20世纪20年代初新文化运动之后，coffee 这一舶来品才有了相对统一的译名——咖啡。

交汇在五色的公共空间

开埠之初，咖啡馆多开设在外侨经营的饭店、夜总会、俱乐部等场所中，顾客也主要以外侨为主。

建于 1846 年的礼查饭店,是中国第一家西商饭店,内设咖啡吧。1880 年后,许多中国人也效仿外国人开起了西餐馆。据《清稗类钞·西餐》记载,第一家由华人开设的西餐馆是福州路上的"一品香":"我国之设肆售西餐者,始于上海福州路之一品香……于是有海天春、一家春、江南春、万长春、吉祥春等继起,且分室设座焉。"一品香建于 1883 年,20 世纪初从福州路搬迁到西藏路,兼营旅馆和中西酒席,西餐厅也供应咖啡。

起初,咖啡馆多为饭店、俱乐部等娱乐场所的一种附设,并不具备独立营业性质。故而独立营业的咖啡馆出现得比较晚,目前所见材料显示,较早具有独立营业资质的咖啡馆是在虹口。1876 年 12 月,《申报》上登出一篇"生昌架啡馆"的广告,地点是在"虹口老大桥"。上海市档案馆汇编的《工部局董事会会议录》中有一则档案提到,1886 年,公共租界虹口区有一家"虹口咖啡馆",主要对航海人员开放。

独立营业性质的咖啡馆大量出现是在 1920 年以后。这些咖啡馆为广大市民的日常生活和社会活动提供了公共空间。民国时期,比较著名的咖啡馆有 D.D's、文艺复兴(Renaissance)、飞达(Café Federal)、沙利文(Chocolate Shop)、凯司令(New

Kiessling Cafe）、特卡琴科兄弟（Tkachenko）等。咖啡馆主要集中在霞飞路（今淮海中路）、北四川路（今四川北路）、静安寺路（今南京西路）上，经营者多为法、俄、意、日侨民，以及一些来沪避难的犹太人，也有部分中国人。

霞飞路上的 D.D's，报上译作"弟弟斯"，上海人更偏爱它的另一个译名"甜甜斯"。D.D's 的全称很少有人提及，据杨小佛说是"Dearest Darling"。D.D's 有三家分店，霞飞路的一家起初在 833 号，后来搬到 815 号。四川路（今四川中路）319 号和善钟路（今常熟路）159 号，另有两家。当然，最著名的还是要数霞飞路上的这家。咖啡馆在大门设计和建筑外观上采用西方半圆拱形结构，内设螺旋形旋转楼梯，邻街装着敞亮的长玻璃窗，室内还有卫生间、电话等现代设施，摆放有强烈西式风格的油画、摆件、器皿等。由于咖啡馆在国泰电影院斜对面，很受当年爱看电影的文艺青年的喜爱，电影明星、话剧演员，也频频光顾。政界、文坛的各类名流也常出入 D.D's——杨杏佛、宋子文在此畅谈政治；《大晚报》的副刊编辑崔万秋与田汉在此闲聊文学；李富春和阳翰笙在此商讨创造社、太阳社和鲁迅合作。周海婴回忆，鲁迅去世后，许广平带他住在霞飞坊附近，他去过 D.D's 买现磨的咖啡粉。

说起"沙利文"很多人可能觉得陌生，但说起生产"光明牌"冷饮的国营上海益民食品四厂，一定就亲切了许多。上海益民食品四厂的前身之一，就是沙利文食品厂。1914年，美国人沙利文开设沙利文精美糖果店；1916年，改为沙利文糖果行；1921年，改称沙利文制造股份有限公司和沙利文糖果制造厂；1925年时，正式定名沙利文面包饼干糖果公司。尽管沙利文是做饼干糖果起家，兼营西餐，但在当时的上海，更受青睐的是沙利文咖啡馆。沙利文咖啡馆的特色之一，就是咖啡都是用小壶煮的，以保持咖啡豆的原香。沙利文咖啡馆一共有两家：一家开在静安寺路上，通常被称为西沙利文；南京东路江西中路的一家，则被称为东沙利文。西沙利文临街处有一排落地长窗，坐在窗边，可以一边喝咖啡一边看着街景。东沙利文是英国维多利亚时代的建筑风格，有上下两层楼面，底层是一间宽敞的大厅，摆满方桌，就餐的多是谈生意的顾客；楼上则是一圈长廊，靠着栏杆的座位能俯瞰下面的餐厅。值得一提的是，《红星照耀中国》的作者、美国著名左翼战地记者埃德加·斯诺（Edgar Snow），和他的第一任妻子、时任美国领馆秘书的海伦·福斯特（Helen Foster），就相识于东沙利文咖啡馆。

1917年俄国十月革命成功，许多俄国贵族、军

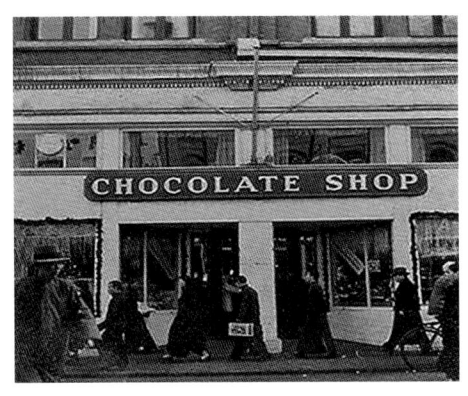

静安寺路上的沙利文咖啡馆

人和知识分子仓皇逃离,其中不少人不远万里来到上海;20世纪30年代起,又有一批苏联侨民陆续投奔而来。他们中的很多人在上海以经营咖啡馆为生。特卡琴科兄弟咖啡餐厅,创办于1927年,是当时法租界最大的欧式餐厅,也是上海最早的花园餐厅,花园内置有100多张咖啡桌。餐厅的舞台上几乎天天都有各种演出和音乐会。1931年,又在餐厅中央增设大舞池,顾客围坐在舞池四周,一边用餐一边欣赏表演。每年的俄罗斯文化节,咖啡餐厅还会演出儿童剧,招待俄罗斯学校的学生。

1933—1941年,上海接纳了二战期间的3万多名犹太难民,虹口区长阳路舟山路路口的白马咖啡馆,就见证了这一时期犹太难民在上海的岁月。1939年,犹太难民鲁道夫·莫斯伯格和亲友来沪避

白马咖啡馆旧影

难，盘下位于长阳路 180 号的一栋小楼，开设白马咖啡馆。咖啡馆兼具餐厅、酒吧和夜间俱乐部的功能，设备齐全，服务周到，很快成为当时犹太难民重要的日常聚会场所。白马咖啡馆的这个店名还有一个浪漫的故事。在鲁道夫的家乡维也纳有一家旅店，旅店老板爱上了女招待，轻歌剧《白马旅店》以这个故事为蓝本改编而成，在当地深受欢迎。鲁道夫特别喜欢这出歌剧，于是在上海开设了同名咖啡馆，以表达自己对故乡的牵念。2009 年虹口城区改建时，长阳路拓宽，白马咖啡馆原址上的建筑被

2015年原貌重建的白马咖啡馆（徐荣耀 摄）

拆除；2015年，按照店主鲁道夫的后裔罗恩·克令格尔提供的照片，在不远处的长阳路67号又重建了白马咖啡馆，基本还原了本来的面貌，内部部分构件和一些老物件也都是2009年拆除时保留下来的原物。

除了外侨，也有很多华人自己开办咖啡馆。比如北四川路518号的"上海珈琲馆"，就是广东籍作家、创造社领军人物张资平在1928年与创造社成员合股开设的。当时在报上登出的广告语是"上海最美最廉之咖啡店"，并且在介绍中除了"食材

"上海珈琲馆"的广告

上海咖啡馆的化妆歌唱会

鲜洁,座位安舒"之外,还特别提到"女子招待,格外有趣"。可见当时咖啡店的女侍应是招揽顾客的一大卖点。不过,这家上海珈琲馆虽然名字直接冠以"上海"二字,听着气派,实际开的时间并不长,1929年7月,报纸上就登出了上海珈琲馆的"招顶"广告,即要将咖啡馆抵押出去。

20世纪30年代凯司令楼上的卡座

凯司令，也是民国文学作品中常见的咖啡店。1928年，由林庚民、邓宝山开办，店址在静安寺路（今南京西路）1001号，成为该年电影演员、作家等文艺圈中人常光顾的场所。凯司令的招牌栗子蛋糕是几代上海人心目中难以忘记的回忆。如今，凯司令总店仍在南京西路1001号，三楼保留了咖啡厅。这家历经80年的西餐馆经过翻新后，和之前作家们笔下古色古香的凯司令餐馆有了些许不同，环境更为时尚。来这里喝咖啡的人，很多是上了年纪的老克勒。

除了咖啡馆之外，当时一些营业性的私家花园，如半淞园、愚园、申园等，也会提供咖啡等供客品尝，这是当时极为时髦的一项活动，适应了不同层次食客的需要。

20世纪20至30年代，咖啡馆的消费价格也不低。李欧梵《摩登上海》中写道，那时"D.D's或沙利文巧克力店的咖啡是两杯1元多，蛋糕则更贵，约5元""康生及沙利文等咖啡馆，大抵咖啡每客六七角，兼有西餐"。据研究，这一时期的职员一般工资在60元以上，高级职员可达到300元；大学教授月薪最高600元，助教最少也能拿到100元。相比之下，当时上海工人每月30元出头的工资，只能勉强维持基本生活。

尽管民国时期上海的咖啡业发展兴盛，但并未真正深入市民群众的生活。孵咖啡馆、吃下午茶，对当时的大多数人而言还是一种奢侈行为，基本是中产以上人士，才有经济基础日常出入咖啡馆。

抗日战争胜利后，随着美军剩余物资咖啡、奶粉、奶油等在市场上倾销，小型咖啡馆在上海滩上剧增。据《上海饮食服务志》《上海青年志》等志书记载，这一时期，单是从南京路外滩至静安寺，就有咖啡馆30余家；到1946年10月，整个上海市有咖啡馆186家，加上西餐馆，喝咖啡的场所达到297家。

到临近解放，官僚买办、中外资本家纷纷离沪，转往香港、台湾，饮食市场转趋萧条，营业额急剧下降，咖啡大户纷纷关闭停业。到 1949 年，全市仅剩 50 余家咖啡馆。

解放初期，咖啡馆等私营饮食业的经营方式与当时的政治经济形势以及消费需求情况不相适应，在经营上发生了困难。当时咖啡饮料在广大群众中并不普及，仅为一些文化界、学术界中老年人士所爱好，且被认为是一种高级的消费，市场销量不高，很多咖啡馆因此歇业。

"文化大革命"时期，吃西餐、喝咖啡更是被扣上"资字头"帽子，全市仅剩的 13 家西菜咖啡店被勒令停止供应，一律改营中餐。只有零星几家西点店兼卖咖啡。一直到改革开放以前，上海独立经营的咖啡馆，仅剩下一家上海咖啡馆。

老克勒们的"上咖"记忆

1924 年，公和祥余记咖啡公司设立，批量生产咖啡，开了上海固体饮料生产先河。

海派作家程乃珊在《咖啡的记忆》一文里提到的"上海牌咖啡"，生产自上海咖啡厂。在 20 世纪 60 至 80 年代，几乎全国各地所有的咖啡都来自这里，它的前身是 1935 年浙江人张宝存创办的"德胜咖啡行"。

张宝存 1913 年出生于浙江定海，少年时来到上海读书，不到 20 岁，就辗转于上海、香港的洋行工作。也正是在洋行里，他萌生了做咖啡生意的念头。当时的咖啡豆主要从印尼、巴西等国进口，张宝存便也想办法进到咖啡生豆，和妻子方慧琴一起钻研烘焙的方法。他们尝试把不同的豆子混合在一起，经过无数次烘焙试验，终于确定拼配比例，成功研制出一款口感稳定又独特的咖啡，这便是后来风靡上海滩的 C.P.C 咖啡。

德胜咖啡行起初设置在百老汇路（今大名路），1937 年"八一三"事变后，搬迁至静安寺路 1472 号。1940 年，德胜咖啡行以公司英文名"Crown Produce Co."的缩写"C.P.C."注册商标。德胜咖啡有罐装与散装，罐装多零售，散装则售卖给需求量较大的咖啡馆、西餐厅等。当时，上海很多知名餐饮门店都从德胜咖啡行进货，张宝存一度被称为沪上"咖啡大王"。德胜咖啡行还在静安寺路上设有门店德胜咖啡馆（C.P.C. Coffeehouse），零售与堂饮咖啡。1943 年 12 月，又在泰山路（今淮海中路，1943 年时由"霞飞路"更名"泰山路"）上开设分店。

1956 年，在公私合营的大背景下，德胜咖啡行归属上海商业公司管理，成为三星糖果食品厂的

上海牌咖啡的铁罐头

上海牌咖啡茶的纸壳包装

下属厂。1958年，经上海市轻工业局批准，德胜咖啡行作为独立企业直属上海食品工业公司领导。这一年，1958年，德胜咖啡行的产品参加广州秋季交易会，听装咖啡首次销往香港。1959年，德胜咖啡行正式更名为国营上海咖啡厂，成为全国唯一以"咖啡"命名的企业，"C.P.C."商标也改为"上海牌"商标，而德胜咖啡馆也更名为"上海咖啡馆"。

三年困难时期，由于资源紧缺，上海咖啡厂开始生产低成本的"咖啡茶"。所谓咖啡茶，其实就是一些下脚料的咖啡豆，磨成极细粉，和糖粉一层间一层铺开，最后压成方糖块，喝的时候像速溶咖啡一样直接放一块进滚水里冲泡。

改革开放后，凭借历史积攒的丰厚经营底蕴，上海咖啡厂在各色咖啡品牌林立的商海中，继续成就"上海咖啡"的事业，精心打造"上海牌"咖啡。2009年3月，在企业调整发展中，上海正广和汽水有限公司与上海咖啡厂合并整合，组建新的上海正广和汽水有限公司。随着上海正广和汽水有限公司成为光明食品集团所属企业，"上咖"也成为光明集团旗下的诸多老字号品牌之一。

从生咖啡豆拣选，到焙炒、冷却、混合拼配、研磨，再到最后的待检和包装，上海咖啡厂凭借数十年制造经营咖啡的经验积累，在鉴别咖啡原料、焙炒咖啡豆方面，形成了独特的专业技术和精致工艺。在借鉴吸收了现代咖啡制造技术的基础上，上海咖啡厂可以量身定做各种口味风格的咖啡。如此，消费者不出家门可以品味各种风格咖啡带来的文化享受，商家不出国门可以觅得品种多样、质量上乘、服务优良的咖啡产品供应商。除了咖啡之外，老上海们熟悉的"乐口福""菊花晶""麦乳精"等固体饮料，也都来自上海咖啡厂。

今天的"上咖"在华山路开设了一家线下精品咖啡店，同时作为光明集团"老字号品牌展览馆"的"序厅"，将艺术展览、产品展示、精品咖啡融于一体，为"老克勒"们赋予了新的文化记忆。

鲜亮生动的文化符号

改革开放初期,年轻人一度崇尚喝咖啡,部分中老年知识分子亦有此习惯。20世纪80年代末,雀巢咖啡一句"味道好极了"的广告语家喻户晓,冲泡方便的速溶咖啡风靡一时。

改革开放以后,来沪从事商务活动、旅游观光的外国游客大量增加,给上海的西餐市场也带来无限生机。菜馆开设音乐茶座,配套供应咖啡、饮料、西点,上海咖啡业逐渐恢复。位于衡山路1号的衡山咖啡馆是"文化大革命"以后在上海出现的第一家咖啡馆,那时的咖啡只有两种——清咖或奶咖。经过20世纪80年代的恢复和调整,到了20世纪90年代,上海街头又开起了各类咖啡馆。其间,源自台湾的上岛咖啡、宝岛咖啡占了较大的市场份额。

2000年5月,美国咖啡连锁巨头——星巴克(STARBUCKS)进入上海,在淮海中路上开出上海首家门店,今天,上海的星巴克门店已有千余。以星巴克为代表的连锁品牌咖啡,在21世纪初迎来了蓬勃发展,英国的咖世家(COSTA)、香港地区的太平洋咖啡(PACIFIC)都在这一时期纷纷进驻上海。而在这几大连锁咖啡品牌之外,近年来,在浓厚的咖啡文

21世纪初，喝咖啡重新成为一种时尚的生活方式
(《志在上海》纪录片团队 摄)

化氛围下，Seesaw、MANNER、挪瓦（NOWWA）等本土连锁咖啡也找准市场、扎根立足，相继遍布上海的大街小巷、商场楼宇，并逐步辐射全国。

除了连锁咖啡，各具特色的独立咖啡店，在上海更是随处可见。一些主题咖啡馆选择将餐饮环境融入城市文化，如坐落在汉口路申报馆旧址上的"The Press"、四行仓库附近的"人民咖啡馆"，都吸引了不少前来"打卡"的顾客。还有一些老字号，也做起了咖啡生意，比如乔家栅就推出了"乔咖啡"。

2016年，陆家嘴金融城咖啡文化节首次把露天咖啡节的概念带到上海。此后，这类咖啡节在上海的各大商业区遍地开花。2021年3月，由上海市政府主导的首届"上海咖啡文化周"拉开序幕，仿佛正式"官宣"咖啡已成为上海城市生活的重要组成部分。2024年，咖啡文化周更是升级为"上海国际

上海的咖啡主题专列
（2024上海国际咖啡文化节组委会 提供）

咖啡文化节",在"在上海,品世界"的主题下,将"上海咖啡文化"这张新的城市名片递到了这座城市里的每一个人手上。

在2024上海国际咖啡文化节的预热阶段,一趟以"云南——上海,一粒咖啡豆之旅"手绘漫画故事装饰车厢的咖啡主题专列地铁,从轨道交通1号线人民广场站发车。据《2024中国城市咖啡发展报告》统计,上海已有9500多家咖啡馆,是全世界咖啡馆数量最多的城市,而千里之外的云南,正是全国最大的咖啡豆种植产区。滇西地区的普洱、保山、澜沧等地,位于阿拉比卡咖啡豆黄金种植带,也都是沪滇协作的对口城市。

随着上海咖啡文化的普及,大家喝咖啡的要求也越来越高。咖啡的制作方法也越来越多地为人所熟知:意式、法压、胶囊、手冲、冷萃、虹吸……

2023年11—12月，首届长三角C9联盟咖啡大赛在沪举行（袁婧 摄）

爱喝咖啡的人也越来越讲究，不同咖啡产地的豆子都有自己的独特风味，不同烘焙程度呈现不同的酸苦醇香，甚至不同的滤纸质地都能影响一杯咖啡的好坏……对于今天的上海人而言，喝咖啡早已不再是赶时髦的象征，甚至也不只是一种口舌享受，更是一种生活方式的选择。

从一种外来的饮料，到成为上海城市文化的一部分，180年来，上海为咖啡业提供了适合繁衍的土壤，咖啡也给这座城市带来了正向的经济效益和社会效益，又在新时代对外赋能、反哺产业源头。咖啡，见证了中西方文化的邂逅与交融，也照见了这座城市海纳百川背后的文化自信。

上海市地方志办公室下属上海通志馆 石梦洁

> 延伸
> 阅读

星火：咖啡馆里的红色记忆

咖啡在上海传入、流行、繁荣的过程中，总有一抹亮眼的红色。作为一种公共文化空间，咖啡馆曾是革命理想酝酿的摇篮，左翼人士在此挥斥方遒，激扬文字，横眉冷对千夫指；又曾是暗流汹涌、不见硝烟的战场，中共地下党人在此搜集信息，交换情报，于无声处听惊雷。

尽管鲁迅先生说过"哪里有什么天才，我只不过是把别人喝咖啡的时间，都用在工作上而已"，但其实他自己无论是在上海还是在北京，都经常去咖啡馆。比如他在 1920 年 6 月 26 日的日记中就写过，这天午后去同仁医院探望了朋友之后，与二弟周作人"同至店饮冰加非"；1930 年 2 月 16 日日记又写"午后同柔石、雪峰出街，饮加非"。鲁迅在上海去得最多的咖啡馆，要数北四川路上的"公啡咖啡馆"，这是当年"左联"经常聚会的地方。

公啡咖啡馆是一幢坐西朝东三层砖木结构的沿街楼房，由日本人开设经营，楼下卖糖果、点心，二楼喝咖啡。因较为隐蔽，故左翼人士以及中共闸北第三支部常在这里开会、活动。1930 年 2 月 16 日，"上海新文学运动讨论会"筹备会在公啡咖啡馆二楼召开，会上决定成立一个革命的文学团体——"左联"。

据夏衍回忆,筹备会一般每周一次,几乎都在"公啡"的二楼包间。冯乃超也在回忆中提到过"公啡":"顾客很少,我们倒是常去……几乎被我们包下了。"

著名电影艺术家汤晓丹(1910—2012),也曾作为"左联"的一员,参加过公啡咖啡馆的聚会。他后来回忆说:"我的进步文化活动都是在虹口开展的。"2000年,时年91岁的汤晓丹特意托人寻找到公啡咖啡馆的旧址,并于当年的五一劳动节走进当时的公啡咖啡馆纪念馆。看着旧貌还原的"公啡",汤晓丹清晰地记得自己当年和沈西苓、许幸之等人经常坐的位置,故人不在,一时无限感慨。那天,汤晓丹还欣然提笔,留下"公啡换新貌"的题词。

建立在"公啡"旧址上的这座纪念馆,是在1995年"公啡"因四川北路拓宽而拆除后,虹口区文化局和当时旧址上的单位——上海时装商厦共同建立的。几年后,纪念馆关闭,旧址于2006年被设为虹口区历史遗址纪念地。2020年末,在不远处的多伦路上,新"MASSING COFFEE 公啡咖啡"以全新的样貌回归沪上。

除了"公啡"之外,霞飞路上的D.D's咖啡馆,也是左翼人士经常聚会的地方。1932年夏天,明星影片公司老

公啡咖啡馆遗址

板周剑云听从剧作家洪深的建议，决定转变电影题材的方向，二人在 D.D's 约见了夏衍、钱杏邨、郑伯奇，聘请他们担任明星公司编剧顾问，参加编委会的工作。钱、夏回去后向瞿秋白汇报了相关情况，得到了瞿秋白的同意。1933年3月，由夏衍担任组长，钱杏邨、王尘无、石凌鹤、司徒慧敏为组员的"党的电影小组"正式成立。"党的电影小组"在中国电影史和中国共产党的宣传文化思想工作上书写了重要篇章，而这篇章的序幕，可以说正是在 D.D's 咖啡馆拉开的。

民国时上海的咖啡馆多位于租界，远离政治权力中心，巡捕房不太注意。而比起鱼龙混杂的茶馆，在咖啡馆集会更便于讨论问题，相对也更加安全。对于地下工作者而言，"孵咖啡馆"与他们文人、职员的身份并不相违背，无形中为各种情报的搜集与交换提供了掩护。

体育场馆的
力与美

2024 年上海马拉松比赛现场

近代体育伴随着西方侨民和西方文化传入上海，上海成为我国近代体育的发祥地，体育运动从上海走向全国，走进千家万户。上海体育的发展与城市的崛起紧密相连。新中国成立后，上海体育事业始终走在全国前列。而矗立在这座城市中的一幢幢历经风霜的体育建筑与一个个地标，见证了上海体育百余年的发展历程。

越洋舶来的西方体育

租界体育开辟了上海近代体育的先河。体育，首先是作为外国侨民的休闲娱乐方式出现在国人面前的，而这种娱乐方式最为重要的载体是竞赛。外侨为了娱乐和竞赛而建造了大量的体育场地，置办了体育设备。

据《上海体育志》记载："道光二十八年（1848），上海已出现室内保龄球和室内墙手球活动，以后陆续开展划船、赛马、板球、健身体操、网球、足球、田径、游泳、棒球、高尔夫球、帆船等运动项目。各种体育组织也纷纷出现,最早是道光三十年（1850）建立的跑马总会，以后有划船总会、棒球总会、游泳总会、网球联合会、足球联合会、西侨青年会等出现。其中以跑马总会、足球联合会影响最大。每

划船总会会员在苏州河上练习

年要组织多次大型比赛。这些团体存在的时间长短不一，最长的跑马总会存在了一个世纪。"

上海是中国现代赛艇运动的发源地，赛艇也是最早传入上海的现代体育项目之一。位于苏州河畔南苏州路76号的上海划船总会旧址，见证了苏州河百年变迁，也见证了上海赛艇这一体育项目的发端与发展。

外侨在上海的赛艇比赛最初在黄浦江浦东一边举行，每年春、秋两季各赛一次。但浦江风急浪大，不宜举行竞渡活动，赛艇便转向苏州河举行。后因上海航运业发达，河道壅塞，赛艇就又改在昆山青阳港举行。

在赛艇以一种生活方式随外侨进入上海之初，

上海划船俱乐部旧址（黄浦区地方志办公室 提供）

这项跟中国民俗活动赛龙舟看起来颇为相似的运动，很快就得到中国人的喜爱。每逢上海划船总会举办赛事，总引得观众如潮。

上海划船总会（Shanghai Rowing Club）一译"上海划船俱乐部"，约成立于清咸丰九年（1859），主要成员为英国侨民。划船总会设立俱乐部锦标赛、上海锦标赛、长距离赛等，参赛者主要是英、美、德、丹麦、瑞士、比利时、挪威、日本等国侨民。也有少数中国人参加，1935年在青阳港举行的划船比赛，上海两江女子体育学校获得过双人艇第一名。

划船总会最早在苏州河口建立船坞和码头，曾被人们称为舢舨厂。后因苏州河交通日繁，总会把码头迁到今恒丰路桥边，桥也因此又称舢舨厂新桥。

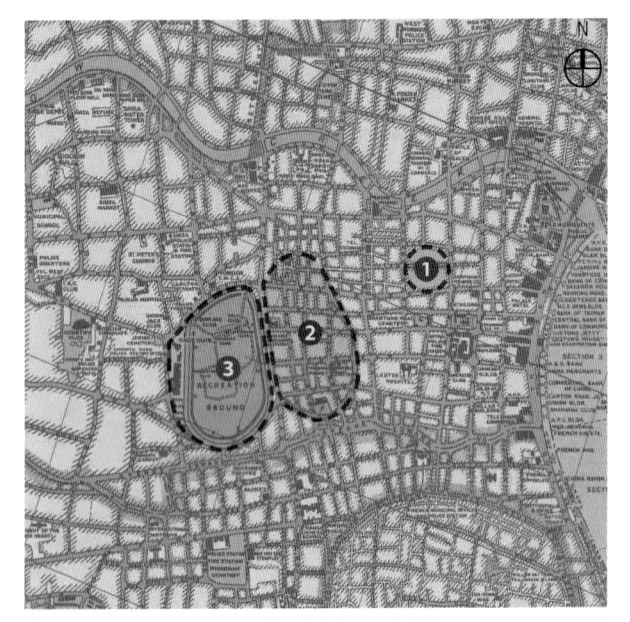

❶ 1850 年跑马场原址位于今山西路以东、河南路以西、南京路以北区域
❷ 1854 年第一次西迁至今南京东路西段浙江中路至西藏路区域
❸ 1862 年第二次西迁至今人民公园、人民广场区域

1905 年，划船总会回迁到苏州河口南岸，在旧的下船屋旁边建造了一座新会所和毗连的船屋。在老船屋场地，次年（1906）建成了上海第一座室内泳池。

1953 年，上海市人民政府接管上海划船总会，接收赛艇 28 条、桨 60 余支。利用这些器材，中国赛艇人开始了新的征程。这年 6 月，原划船总会游泳池整修后改名"黄浦游泳池"对外开放，由山东路体育场代管。

20世纪上半叶上海跑马厅马球比赛场景

　　上海也是中国近代赛马运动的发源地。现在人民广场和人民公园一带,曾是公共租界的跑马厅。

　　据《黄浦区志》记载,上海先后有过三个跑马厅。1850年,英国人发起成立"上海跑马总会",在今河南中路以西,南京东路以北兴建第一跑马场,作为他们文体活动的场所。跑马场中间设有草地滚球场,所以被称为"抛球场",四周围有木栅、种植花草,也叫"老公园","是年秋天在此进行了中国首场跑马比赛"。随着租界地价上涨,跑马总会利用在华特权向西圈地扩张,通过低买高卖方式,于1854年、1862年两易其址,最终定址在今人民广场和人民公园一带(第三跑马场)。

　　很多人知道人民广场曾经是跑马厅,但或许不太清楚,跑马厅除了外圈跑道和看台,还曾有内

20世纪30年代的跑马场总会

圈跑道和中间的体育场,这里曾是东亚地区规模最大的户外运动场,这块区域的体育传统一直延续到1990年代人民广场改造才逐渐消失。

当时,第三跑马场造好之后,在跑道中间有430亩土地,由上海运动事业基金董事会买下,建成综合性体育场,也称为"西侨公共体育场"。其中建有高尔夫球场、棒球场、足球场、板球场、草地滚球场、网球场等。

十九世纪末,居住在租界里的西方侨民成立了上海高尔夫球俱乐部。最先在跑马厅租场地建立高尔夫球场。由于大型高尔夫球场需地至少在300亩以上,所以跑马厅内场也只能建立一个9个孔的场地。这就是上海最早的高尔夫球场。1902年西联足球会成立，西联杯足球赛一直在公共体育场举行，这里也成为上海最早举办正式足球赛事的场地。

上海跑马总会及设于其内的公共体育场都曾有"不准华人参加活动"的规定，甚至在早期阶段，华人连买票入场看赛马也不被允许。1909年后，买票看赛马及参与博彩的通道终于向华人开启，不过却有附加条款，须与外国人分看台就坐。而包括9洞高尔夫球场在内的公共体育场，一直不准华人入内娱乐。建在中国土地上、东亚地区规模最大的运动设施，却和中国人无缘，这也是那个年代上海社会状况的真实写照。

1951年8月27日，上海市军事管制委员会正式接管跑马厅。

新成立的上海市政府十分重视人民的呼声，在听取各界代表意见建议后，最终决定将跑马厅建成一座人民的广场，人民大众的乐园。1950年代，跑马厅南部改建为人民广场，北部改建为人民公园，跑马厅看台等建筑改建成上海市体育宫，而跑马总会大楼先后成为上海人熟悉的上海博物馆、上海图书馆，现为上海历史博物馆所在地。

在之后相当长的一段时间，原来的人民广场曾是上海业余足球的胜地。来人民广场踢球的人，大多不是专业运动员，他们中有工人、店员，也有学生，

1984年的人民广场，市民正利用广场空地踢足球

都是业余爱好者，用上海话说，属于"弄堂模子"。但人民广场的足球水平并不低，就在这些"弄堂模子"中，孕育了上海雄厚的足球基础，也涌现了不少业余球星，从人民广场踢进专业队的也不乏其人。

1992年，人民广场综合改造工程正式启动，人民广场不再有运动场的功能。

随着岁月的流逝，除了现今的上海历史博物馆曾为当年的跑马总会大楼，其他和跑马厅有关的遗迹几乎看不到了。

从最初的农田到跑马厅，以及华人禁入的公共体育场，到新生的广场和乐园，再到城市之心，全民共享超级空间，上海人民广场和人民公园，不仅留存了城市发展的时代记忆，也是海派文化的引擎，上海城市精神的象征。

近代体育在上海的推广普及

20世纪20年代之前,租界的各种体育比赛,只在外侨中进行。由于租界的体育场地及体育组织多数不允许华人进入或参加,因此引起了华人的抗争。1920年代,华人运动队才陆续参加外侨间的比赛,租界的运动场地也陆续向华人开放。此后,在竞技场上华人与侨民经常直接交锋,这对提高华人的竞技水平有着明显作用。

中国社会开展近代体育活动,除了西方人的"输送"外,主要是国人看到了西方近代体育有"强国强兵"的好处,为"洋为中用"而主动引进。上海最初仅在学校里开展兵式体操,以后又引进了田径、球类等一系列体育项目,同时也吸收了许多西方体育的比赛、教学、管理等方法,从而推动了中国传统体育的革新,经过两种不同类型的体育的汇合和交融,逐步形成了上海自己的体育架构。

20世纪上半叶,世界上广泛开展的竞技体育活动在上海基本都得到开展,上海承办了三次远东运动会、两次全运会,培养了众多体育人才,并带动全国体育运动的发展,在社会各层面传播近代体育知识与技能。

远东运动会，原名"远东奥林匹克运动会"，是由菲律宾、中国、日本发起和参加的世界上第一个与国际奥委会有联系并被承认的区域性综合性运动会，被看作是后来"亚运会"的前身。上海共举办了三届远东运动会，分别是1915年第二届、1921年第五届和1927年第八届，前两届赛事都在上海虹口公园举行。

1915年第二届远东运动会，不仅是上海，也是中国第一次举办的大型国际性赛事。这次运动会起了很好的宣传作用，它的成功举办，推动了上海体育由学校走向社会，也促进了上海学校体育的重点由兵式操向田径、球类项目转移。

此届运动会中国派出200余名选手参赛，获得田径、游泳、足球、排球4项第一和总锦标第一。国手取胜，民心大振。8天的比赛，吸引了10万多观众，"场地四周，几无隙地"，一时间引起官方、民间对体育事业的重视。

1927年，第八届远东运动会在上海中华运动场（中华棒球场）举行。此届运动会一大特色在于全权由中国第一个全国性体育组织——中华全国体育协进会组织筹划，这也是中国夺回体育主权的实质证明。

举办第二、第五届远东运动会的虹口公园，是

今天的虹口足球场及一旁的鲁迅公园（虹口区地方志办公室 提供）

今虹口足球场和鲁迅公园的前身。它的起源应追溯到 19 世纪末叶的万国商团靶子场。虹口公园的体育设施非常健全，有草地网球场、硬地网球场数十片，足球场三片，草地滚球场五片。虽然它对中国人入内有种种限制，但因华界的体育设施各方面条件都不如这里，因此 1905 年第二届和 1921 年第五届远东运动会，中国还是把主赛场放在了虹口。

抗战胜利后，虹口公园曾改名中正公园，上海解放后，公园西部建成虹口体育场，东部仍为虹口

1983年9月，第五届全运会比赛在虹口体育场举行。朱建华以2.38米的新高度，打破自己保持的世界纪录

公园（后改名鲁迅公园）。虹口体育场是新中国成立后上海最早建成的综合性体育场馆。在中国足球职业化改革之前，虹口体育场已经举行过各种比赛4000多场。1983年，全运会上朱建华创造2.38米的男子跳高世界纪录，就是在虹口体育场。1999年，虹口体育场经过全面改造，建成了全国第一座专业足球场——虹口足球场。

中国近代共举办了七届全运会，其中1935年的第六届和1948年的第七届在上海举行。1933年，为迎接第六届全运会，当时的上海市政府拨出专款，在江湾建造"上海市运动场"。

江湾体育场是当时民国政府"大上海计划"中的主要建筑之一，该计划是一个全面系统地建设近代上海的城市规划，选定以江湾南部今五角场地区为中心，由政治区、交通设施、外围工业住宅区和道路系统四大建设项目组成。遗留在杨浦区的旧上海市政府大厦、旧上海市体育场（今江湾体育场）、旧上海市图书馆、旧上海市博物馆、旧上海市市立医院五处建筑都是"大上海计划"的组成部分。抗日战争爆发后，"大上海计划"被迫停止。

江湾体育场由留美归国设计师董大西主持设计，由运动场、体育馆和游泳池三大建筑构成，设4万个座位与2万个立位。因建筑全部参照当时欧美最先进的标准，功能也十分完善，是当时远东设备最好、规模最大的综合性体育场馆，故被称为"远东第一体育场"。1936年出版的《上海年鉴》称江湾体育场"建筑之伟大，范围之广袤，其于体育场之地位，目下远东殆无与匹"。

1935年10月10日，第六届全运会在新落成的上海市体育场举行，这是首次在上海进行的全运会。参加这届运动会的有全国34个省、市及来自菲律宾的共38个代表队，2700多名成员。这场空前的运动会，11天赛事共吸引超过100万观众入场，观众每日超过10万。上海代表队派出223名运动员参赛，并获得总锦标，相当于现在的奖牌数第一。

1937年，日军全面侵华，刚建成不久的江湾体育场在空袭中部分损毁。1946年，江湾体育场

江湾体育场

被国民党当作军械库储藏军火。是年12月，因搬运弹药不慎，引发大爆炸，整个体育场被炸掉了约一半。

江湾体育场是"命途多舛"的，它的变迁折射了近现代中国体育发展的起起伏伏。从1937年到1945年这8年，中国的体育基本处于停滞状态。战争结束后，国民政府想重新发展体育运动，于1948年在江湾体育场举办了第七届全运会。这届全运会与上一届时隔了整整13年。连年战乱、官场腐败、经济困顿，社会生活的种种也折射在体育比赛中。由于组织工作混乱，足球比赛竟然判出三个并列冠军（陆军队、警察队、香港队）；排球则由香港队和广州警察队并列冠军。

1954年，体育场全面修葺，并更名为"江湾体育场",时任上海市市长的陈毅亲笔题名,后镌刻在西主席台正门的上方。

20世纪70年代后期开始,江湾体育场承接各类国际国内赛事。1977年,球王贝利带队访沪来到江湾体育场;1983年,作为第五届全运会主会场,江湾体育场与时代一起重新振奋;1986年,上海国际女子马拉松赛在此举办……江湾体育场既是精彩赛事的举办地,也是体育在中国蓬勃发展的见证。

随着上海市各区大小体育场馆一一兴建,江湾体育场渐渐从重要赛事承办地退而成为专业运动队和青少年运动队伍的训练基地。如今,古朴的江湾体育场仍在孕育着城市的运动文化,不变的是它那充满激情与活力的底色。

全民健身的活力之城

1949年之后,体育的性质和地位发生了根本变化,体育成为社会主义建设事业的重要组成部分,被列入政府的工作规划。从此,上海体育进入了发展新阶段。

解放初期,上海的体育场馆特别是室内场馆奇缺,市中心区域只有市体育俱乐部、市体育宫和市立体育馆等寥寥几处,远远不能适应蓬勃发展的专业体育比赛、训练和市民群众体育锻炼的需要。

1958年,第一届全国运动会在北京举办,全国上下掀起了一股"体育热",上海也开始计划新建一个容纳1万人的体育馆和一个三千人的游泳馆,这就是"万体馆"建设的由来。1959年,上海市正式向国家计划委员会递交建造"万人体育馆"的请示。1960年1月获批。同年,"万体馆"开工建设。当时,这片区域还属于上海县龙华人民公社的范围。但因正逢"三年困难时期",国家财力紧张,建筑开工不久即告停顿,被征用的土地也重新种上了蔬菜。

"万体馆"建设一停就是十多年。1971年,中国恢复了在联合国的合法席位,国际体育活动交往日益增多,新建一个高标准的体育场馆迫在眉睫。1972年,搁置多年的"万体馆"建设再次被提上议事日程。上海建造"万体馆"的请示上报后,中央高度重视,毛泽东主席提出了"精心设计"的要求,国务院总理周恩来亲自批示:"同意。由计委拨给专用材料,限期完成,设计到现场去,北京长处要学,短处要去掉,并且还要批判地吸收外国的先进经验,并努力超过。"1973年春,停滞了13年的体育馆工程重新开工。

1975年,能够容纳1.8万人的万人体育馆竣工,并正式被命名为上海体育馆,这是当时全国规

2005年5月，第48届世界乒乓球锦标赛在上海体育馆举行
（上海东亚体育文化中心有限公司 提供）

模最大的现代化综合性体育馆，也是上海第一座万人体育馆，上海人将它亲切地称为——"万体馆"。该工程因首次成功地采用整体提升、空中移位的施工新工艺，荣获1977年上海市重大科技成果奖和1978年全国科技大会奖。

投入使用后的上海体育馆，是当时全国规模最大的现代化综合性体育馆。1976年，上海体育馆承办的首场比赛是国际乒乓球友好邀请赛。1983年，第五届全运会闭幕式及部分赛事在此举行。1984年，上海体育馆承办第十届亚洲女子篮球锦标赛，这是新中国成立以后首次举办洲际体育锦标赛。后来，上海体育馆又变身"上海大舞台",承办各类演出的同时,依然有众多赛事在此举行,人们还是亲切地叫它"万体馆"。

为迎接1983年第五届全国运动会在上海召开,市政府于1981年5月批准兴建上海游泳馆,游泳馆与已建的体育馆及规划中的体育场保持一定距离,可分可合,使三者形成一个体育中心建筑群。

上海游泳馆建成后,首先迎来了1983年9月第五届全运会的游泳、跳水、水球等项目的比赛。1984年,举办国际跳水邀请赛。1985年4月,举办第四届世界杯跳水赛。该馆也是市游泳队、花样游泳队、水球队的主要训练基地,并承担水球、跳水、花样游泳3个项目的业余团队训练任务。此后上海游泳馆承办多项国际重大赛事,并屡获包括国际奥委会主席萨马兰奇在内的多位体坛名人赞许。

1992年,上海市为承办1997年第八届全国运动会,决定兴建一座8万人规模的体育场。由于此前,体育馆和游泳馆已先后落成,新建的上海体育场必须紧靠天钥桥路和斜土路。为此,设计方采用空间组合环境设计手法,使体育场的中心对称轴与万体馆的中心对齐,在总体空间上形成一条贯穿东西的主轴线。

与上海体育馆一样,上海体育场的设计者也是

上海申花主场上海体育场（上海东亚体育文化中心有限公司 提供）

中国著名建筑师、工程院院士魏敦山。在充分考虑地形、光照、风向等因素后，他提出了一个"向天要地"的奇思妙想——上大下小倒圆锥体的结构，一下子从空中"借"了3万平方米的面积。而用"单臂悬挑桁架"支撑轻质玻璃纤维篷膜作为体育场顶棚，在国内更是首次。此外，设计中首次在国内引入体育场包厢概念，在当时实属创举。上海体育场曾在1999年被评为"新中国50周年上海十大经典建筑金奖"，2002年获评第二届詹天佑土木工程大奖。

体育场当初是按照国际奥委会举办赛事主会场观众容量8万人的标准来设计规划的，但在后续实际施工中进行了调整，缩减了观众席位，设置共6

2005年，刘翔在上海国际田径黄金大奖赛比赛中夺冠

徐家汇体育公园鸟瞰图（上海东亚体育文化中心有限公司 提供）

万个座位，但这个容易"叫得响"的"八万人"俗称延续了下来。

　　几十年来，上海体育场、上海体育馆、上海游泳馆这上海体育"三件套"为体育迷们提供了极佳的观赛体验。随着社会经济的不断发展，全民健身的重要性日益凸显，为更好地满足广大市民日益增

2004年7月,F1赛艇比赛在黄浦江上举行(许海峰 摄)

长的运动需求,2017年12月,徐家汇体育公园项目开工建设。升级改造后的徐家汇体育公园成为"体育氛围浓厚、赛事举办一流、群众体育活跃、绿化空间宜人"的市级公共体育活动空间。

进入21世纪,上海的新发展以及"海纳百川、追求卓越、开明睿智、大气谦和"的城市精神,为上海体育改革创新增添了强大动力。全民健身让市民成为主角,也让我们的城市充满活力。众多国际著名体育赛事在上海落地生根,多年精耕培育的本土品牌赛事开花结果,成长为带有鲜明上海印记的体育嘉年华。

黄浦区地方志办公室 彭华

> 延伸阅读

黄浦江上赛艇久

上海地处江南，水道丰富，纵横交织，早在有组织地举行比赛之前，在沪外侨已开始在各处水域尝试"玩"赛艇，以丰富自己的业余生活。1852年10月29日，一群热爱水上运动的外国商船船员相约黄浦江畔，组织了一场设有赛艇和帆船两个项目的赛船会。这便是我国第一场有正式记载的赛艇比赛。

1955年2月的一个早晨，下榻上海大厦的时任国家体委副主任蔡树藩在窗前发现：苏州河有人划赛艇！他辗转找到划船人程骏迪，高兴地说："赛艇是奥运会仅次于田径、游泳的金牌大户，赛艇14块、皮划艇12块，加起来26块金牌。我们国家将来一定会参加奥运会，必须开展赛艇运动。"当年10月，原国家体委发文：沿海城市要开展赛艇运动，指定上海要发展赛艇项目。

1956年，上海划船队成立，程骏迪、王炳耀任教练兼运动员。新中国第一批赛艇人为业余选手。1956年11月12日，全国四城市划船赛在杭州西湖举行，为新中国第一场划船赛。1959年，划船列为第一届全国运动会正式比赛项目，上海队囊括4枚男子项目金牌，并摘得女子单人双桨金牌和女子单人、女子八人艇银牌。

2024年3月，首届上海帆船公开赛开幕式，在黄浦江举行的帆船巡游表演

    2021年，按照"一江一河"发展规划创办的上海赛艇公开赛在苏州河举行。2024年3月，首届上海帆船公开赛如约而至。至此，创办于1996年的上海马拉松赛，诞生于2021年的上海赛艇公开赛，加上2024年的首届上海帆船公开赛，上海着力打造的自主品牌赛事"三上"终于全员到齐，成为具有矩阵效应的城市名片。

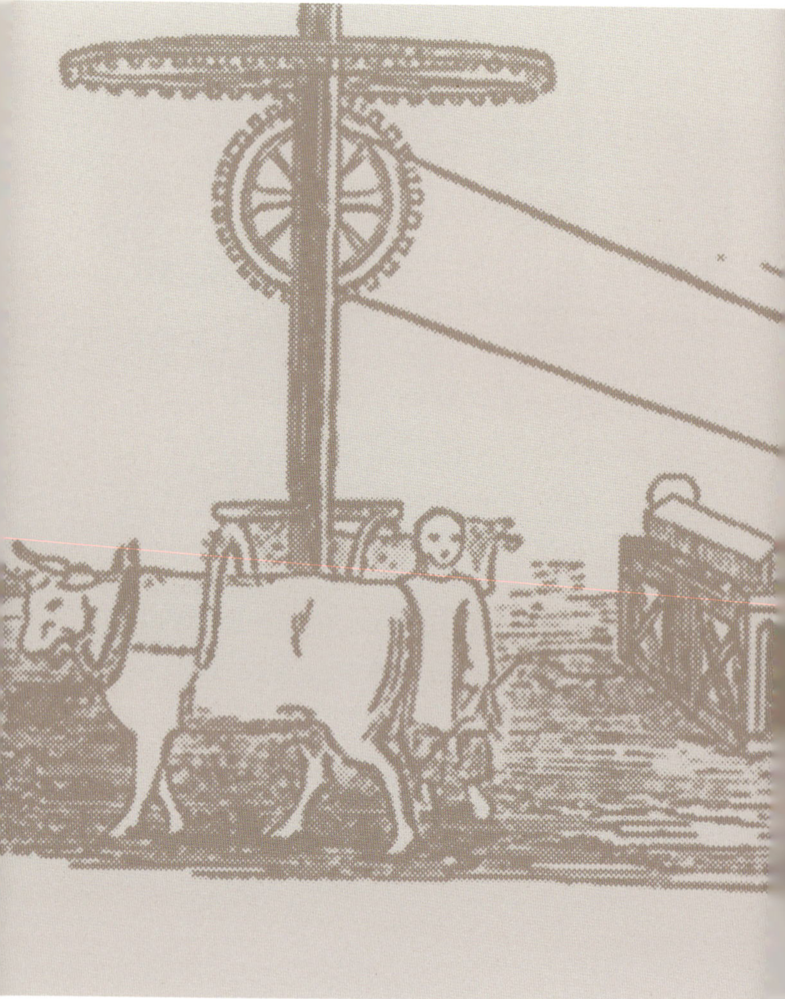

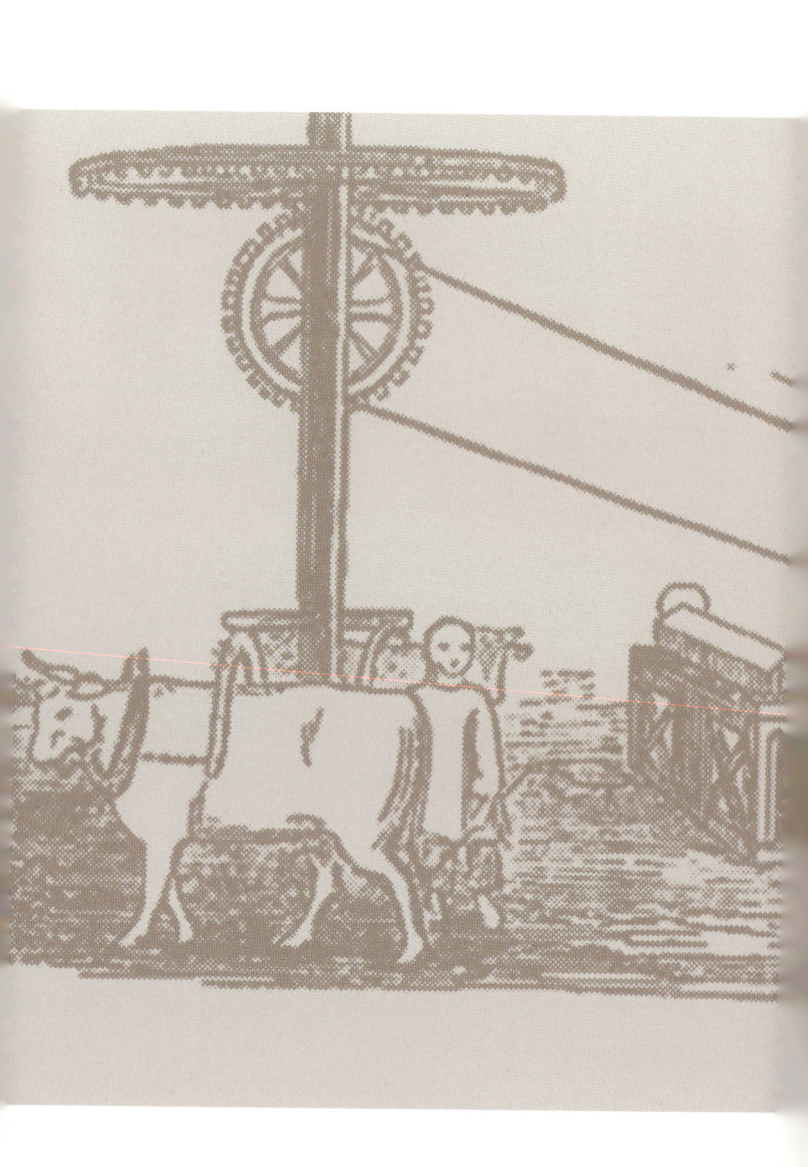

解码

上海出版

2004 年第一届上海书展

一年一度的上海书展自2004年首次举办以来，主办方就一直本着"立足上海、服务全国、面向世界"的办展宗旨和"大家"的理念，邀请学术大家与广大读者见面，努力搭建作者与读者的交流平台，经过20年的不断发展，上海书展逐步成为每年暑期的大众阅读嘉年华，成为广大读者、作者、出版者每年共同期盼的文化盛会。

一个好的书展，既要有先进的办展理念，更要有丰富的文化内涵，这就需要优质的出版机构和他们高品质的图书来支撑。上海，是座充满魅力的城市，在图书出版领域有着悠久而丰厚的历史。

中国近现代出版业的发祥地

近代以来，在"西学东渐"的潮流中，上海开始接触到西方先进的印刷技术和出版理念，逐渐发展成为西方著作译本和新式教科书的出版传播基地。1843年年底，外国传教士到上海创办墨海书馆；1860年，美华书馆迁来上海；1864年，土山湾印书馆创立；1876年，点石斋石印书局开业，等等。这批外国人所办的出版机构带来了新的印刷设备、新的技术和新的生产方式，刺激了上海出版业的发展，标志着中国出版现代化的开始。

1847年8月,墨海图书馆引进滚筒印刷机,最初靠牛拉驱动

墨海书馆(The London Missionary Society Press)(1843—1866)是基督教会在中国设置的最早的印刷出版机构。1843年12月底,在上海开埠的同一年,英国传教士麦都思(Walter Henry Medhurst)携带印刷机器设备来到上海开办墨海书馆,使得墨海书馆成为中国近现代最早的出版机构。1847年8月,墨海书馆引进先进的滚筒印刷机,最初靠牛拉作为驱动力,能日印五万张纸,极大地提高了印刷效率。因此有人作竹枝词咏叹:车翻墨海转轮圆,百种奇编宇内传。忙煞老牛浑未解,不耕禾陇耕书田。

墨海图书馆翻译出版了多种西方研究自然科学的书籍,其中1851年出版的《全体新论》是在中国出版的较早的西医著作,1859年出版的《代微积拾级》是近代中国第一部高等数学译著。1856年

江南制造局翻译馆

底墨海书馆由伟烈亚力（Alexander Wylie）接办。1857年，伟烈亚力主编出版的《六合丛谈》月刊是近代上海第一份综合性中文杂志。

后因竞争加剧且经营不善，墨海书馆于1866年停业。墨海书馆对近代中国意义重大，培养了王韬、李善兰等一批学贯中西的文化先辈，协助传教士们翻译出版了大量的包括宗教、史地以及自然科学等内容的经典西方著作，成为中国近代史上"西学东渐"的重要推动者。

江南制造局翻译馆成立于1867年，存世近40年。据1909年翻译馆所编《江南制造局译书提要》统计，该馆先后共译印科学书籍160余种，主要由该局提调兼编译徐寿、华蘅芳等与英、美传教士傅兰雅（John Fryer）、林乐知（Young John Allen）、伟烈亚力等共同翻译，图书以兵工、船舶、机械制造和矿学、农学、化学、算学等自然科学为主，兼及医学、史地、国际公法等，于1870至1900年间陆续印行。

江南制造局翻译馆是近代中国第一个由政府创办的翻译出版西方图书的机构，也是清末洋务派经营时间最长、出版书籍最多、翻译质量最高、社会影响最大的翻译出版机构，其翻译出版的科技书为中国带来了一大批近代西方的自然科学的基础理论及部分新成果，对近代中国军工事业的发展、西方科技在中国的传播普及和应用产生了重大影响，也为推动中国科学技术的发展做出了重大贡献。

19世纪50年代法国耶稣会在蔡家湾建孤儿院，后孤儿院迁入徐家汇土山湾。1870年土山湾印书馆（T'ou-sè-wè Press）（1870—1958）正式成立，拥有排字间、装订间、石印间、纸张仓库、发行部等。土山湾印书馆印刷中、英、法、拉丁文等不同文字出版物，内容包括宗教、科技、艺术、汉学等，品种有报刊和各类教科书，以及画片、年历和法租界工部局文件、报表、通告等。其中从1892年开始出版的法语版《汉学丛书》，

20世纪30年代的福州路出版街

一直持续到1938年,内容涉及中国先秦史、古代哲学、传统信仰、地方志等多个领域,总数近七十种,是西方研究中国的重要文献。

土山湾印书馆是天主教在近代中国最大的出版机构。自1870年成立到1958年结束经营,前后存续时间近90年,出版书籍总数在千种以上。经营期间不断引入先进的印刷技术,培养出了一大批出版行业的技术和管理人员,对推动中国近现代出版业发展起到重要作用。

中国现代民族出版中心

19世纪末至20世纪初,商务印书馆、广益书局、群益书社等一批民族出版机构相继在上海成立,成为中国现代出版业的先驱,推动了中国出版业的现代化进程。

民国之后,上海的新书局如中华书局、亚东图书馆、大东书局、世界书局、人民出版社、北新书局、良友图书印刷公司、大江书铺等不断涌现崛起,主要集聚在棋盘街(今河南中路)、福州路(四马路)一带,与同样集聚在此的报纸、文具等文化机构,共同形成了著名的"文化街"。众多出版机构策划出版了大量具有时代特征的文化产品,至20世纪30年代,上海出版业进入一个繁荣时期,上海则逐渐发展成为中国近现代出版业的中心。

1937年7月抗日战争全面爆发后,上海逐步沦陷,城市经济、文化事业和社会秩序都遭到严重破坏,有的出版机构毁于战火,有的组织内迁,上海作为出版中心的力量被分散。抗战胜利后,多家出版机构又陆续回迁,但环境较为恶劣,或被高压政策笼罩或被官僚资本控制,步履维艰。

到1949年上海解放前,有三四百家出版机构

河南中路中华书局

在此经历了起起落落、开开关关、生生死死、撤撤并并。这些出版机构，从所有权性质或出版方向来讲，有宗教或商业类的，有国际或民族类的，有官办或私营类的，有政治或文化类的等，其中，私营出版机构在数量上、影响上远远超过早期的教会书馆和官办的出版机构。

商务印书馆、中华书局、世界书局、大东书局、开明书店，这五家出版机构规模较大，都是股份有限公司，股票可在交易所买卖，各家之间可相互持有，股东会上还能了解对方的业务、财务状况。他们既有相互学习，又有相互竞争的一面，既有相互联合，又有相互牵制的一面，既有相互依存，又有相互渗透的一面。各家还可相互挖人，人员相互流通。因此，在图书选题方向上呈现出既有相互学习

大东书局

跟风,又有相互角力竞争的局面。

例如,商务印书馆出《辞源》,中华书局出《辞海》,世界书局编《辞林》(因战火未出成);商务印书馆出《四部丛刊》,中华书局出《四部备要》,世界书局出《国学名著丛刊》;商务印书馆出"万有文库",世界书局出"ABC丛书";商务印书馆出《模范英语读本》,开明书局出《开明英文读本》,世界书局出《标准英语读本》。商务印书馆、中华书局曾合组国民书局,企图打倒世界书局,垄断教科书市场,但最终未能如愿。

大东书局于1916年创办,业务发展迅猛,20世纪30年代初,其规模和业绩仅次于商务印书馆、中华书局和世界书局三家,遥遥领先于其他各家书商。书局注重教科书出版,陆续做到了初中、高中、小学和大学教科书业务全覆盖。民国期间出版物超过 3000 种，30 年代达到平均"日出一书"的巅峰。书局还重视期刊出版，早期的《游戏世界》《半月》《紫罗兰》等通俗文艺刊物，畅销一时；30 年代后陆续出版《现代学生》《学生文艺丛刊》《科学月刊》《社会科学》等面向各领域的杂志，其中《现代学生》"订户达四万以上，开中国杂志界之新纪录"。

上海解放前，地下党直接或间接领导的出版社，有 30 年代的人民出版社、上海书店、长江书店、无产阶级书店、华兴书局，三四十年代的生活书店、读书生活出版社、新知书店、群益出版社、文萃社、中国灯塔出版社等。与中共有关或有党员参与的出版机构，有创造社出版部、江南书店、太阳社、复社、大江书铺、天马书店、春野书店、湖风书局、海燕书店、风雨书屋、时代出版社等。

其中人民出版社（1921—1923）是中国共产党最早成立的出版社。1921 年 7 月中共"一大"召开以后，担任中央局宣传部主任的李达受命创办党的第一个出版机构——人民出版社。人民出版社 1921 年 9 月 1 日在李达位于辅德里 625 号（今老成都北路 7 弄 30 号）寓所内成立。在一年多时间里，出版了马克思、列宁的经典著作以及其他理论书籍 18 种。包括"马克思全书" 3 种、"列宁全书" 6 种、"康民尼斯特丛书" 4 种以及《劳动运动史》《俄国革命

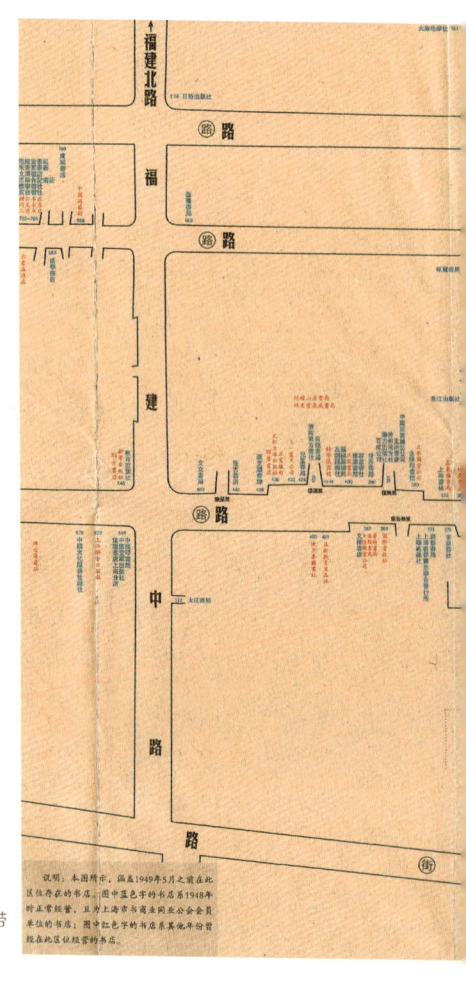

1949年前福州路一带
书店分布

纪实》《李卜克内西纪念》等。为了安全起见，人民出版社编辑的书籍标明由"广州人民出版社"出版，社址写作"广州昌兴马路二十六号"，以防反

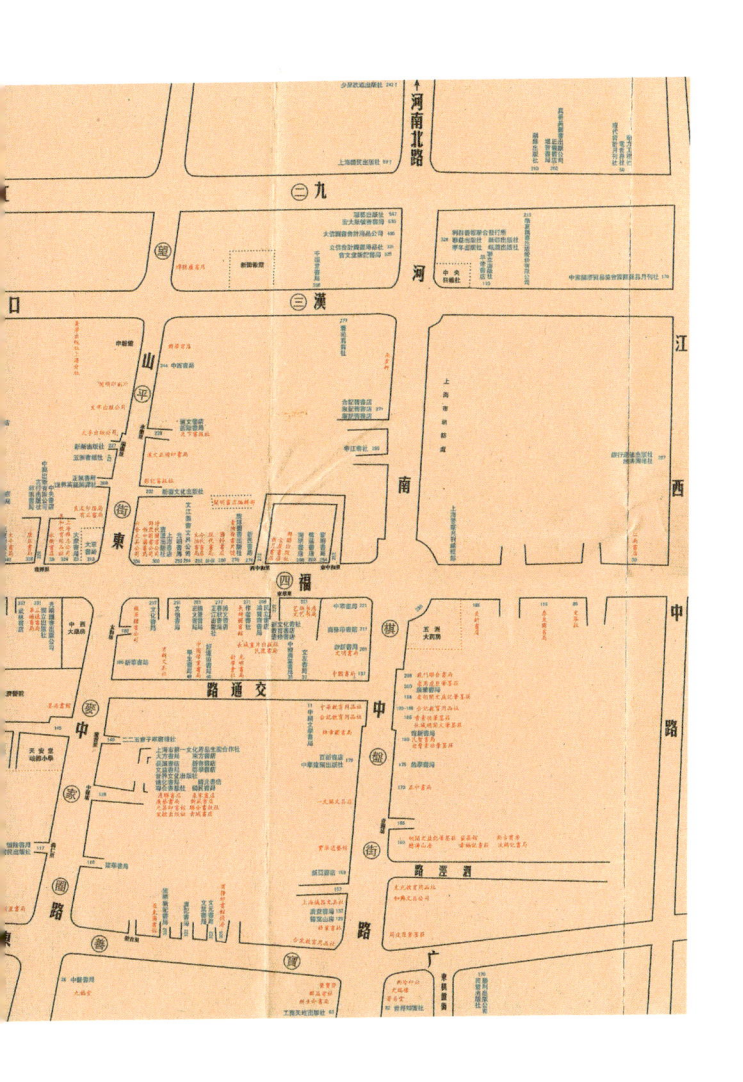

动政府以"宣传过激主义"的罪名进行查禁。1923年，人民出版社与新青年社合并，以后又相继创办上海书店、长江书店及北方人民出版社。

作家、翻译家、文化名人自办或与志趣相投者一起创办的出版机构,有曾朴所办真美善书店,徐志摩所办新月书店,陈望道所办大江书铺,邹韬奋所办生活书店,李公朴所办读书出版社,巴金所办文化生活出版社,赵家璧所办晨光出版公司,鲁迅所办三闲书屋,严独鹤与友人合办的三友书社,邵洵美所办金屋书店、第一出版社,姚蓬子所办作家书屋,李小峰、赵景深合办北新书局,等等。画家、美术家、艺术家经营出版事业的,有黄宾虹所办神州国光社,钱君匋所办万叶书店等,还有历史地理学大家顾颉刚主办的亚光舆地学社、大中国图书局,等等。

民国年间,全国出版了各类图书 10 多万种,其中约 80% 由上海出版业完成。上海出版业对推动中国近现代文化发展作出了重大贡献。

新中国成立后的出版重镇

新中国成立后,国家召开了全国出版工作会议,上海的出版业在党和国家的领导下进行了整合和改革,对老出版机构实行关停并转,将他们改造成为社会主义文化事业的重要组成部分,上海出版事业进入了全新的发展阶段,为传播马克思主义理论、普及科学人文知识、推动社会主义文化建设发挥了积极作用。

世界书局、大东书局等有官僚资本的出版社，经军事管理后停业清理。商务印书馆、中华书局、三联书店、开明书店、龙门联合书局等出版机构的出版业务迁并至北京。一些中小型出版机构的改造分阶段进行，先私私合营，再公私合营，而后并入国营单位。如先组成群联、四联、通联、童联、连联等机构，再并入新文艺、新知识、新美术、科学技术、少年儿童等出版社。

全行业公私合营后，上海的图书出版业从此走上了为人民服务、为社会主义服务的道路，逐步形成了一批具有浓郁计划经济色彩和印迹的大社强社，如上海人民出版社、上海文艺出版社（上海新文艺出版社、上海文化出版社、上海音乐出版社、上海古典文化出版社）、上海科学技术出版社（上海科普出版社、上海科技卫生出版社）、少年儿童出版社、上海教育出版社（新知识出版社）、上海人民美术出版社（新美术出版社）、上海书画出版社（朵云轩）、中华书局辞海编辑所、中华书局上海编辑所等。1957年7月，上海市成立出版局，统一管理全市出版工作。

1966年，"文化大革命"开始后，大量编辑人员被下放到干校，各出版社的出版工作基本停顿。1972年，市出版局被撤销，10家出版社合并为一个"大社"，也称"上海人民出版社"。

改革开放之后,上海的图书出版业迎来了新的发展机遇,恢复了一批出版机构,一批新的出版机构又相继成立,他们积极引进国外先进的出版理念和技术,加强与国际出版界的交流与合作,出版了一批又一批重磅出版物,获得了一系列国家级荣誉。

1978年1月,中共上海市委决定,上海出版系统恢复原来建制,撤销"大社",重建上海市出版局以及10家专业出版社,中华书局辞海编辑所更名为上海辞书出版社,中华书局上海编辑所更名为上海古籍出版社。党的十一届三中全会以后,除原有的10家资深出版社以外,上海又陆续新成立上海译文出版社、学林出版社、上海翻译出版公司(上海远东出版社)、上海画报出版社、上海科技教育出版社、汉语大词典出版社、百家出版社、上海书店出版社、上海有声读物公司(上海声像出版社)、上海三联书店、上海科学技术文献出版社、文汇出版社、上海社会科学院出版社等10多家出版社;立信会计出版社、上海科学普及出版社重新建立;又陆续建立了华东师范大学出版社、上海外语教育出版社、复旦大学出版社、上海交通大学出版社、同济大学出版社、上海中医学院出版社(上海中医药大学出版社)、上海医科大学出版社、华东理工学院出版社(华东理工大学出版社)、中国纺织大学出版社（东华大学出版社）、上海大学出版社等10家高校出版社。上海出版工作以前所未有的规模和速度，进入改革开放和繁荣发展的新时期。

为了缓解"文化大革命"所造成的严重"书荒"，国家出版局组织北京、上海等十几个省市出版局重印了近百种中外文学名著和工具书，在1978年的"五一"节和国庆节同时发行。此举深受广大读者的欢迎，书店门前出现排长队踊跃购书的动人景象。

在新的出版方针指引下，各出版社的编辑怀着极大的工作热情，团结广大著译者，突破一个又一个禁区，重印了大批好书，策划出版大量新书，也壮大了出版社自身的经济实力。

全国第一家出版集团

1999年2月，经中宣部、国家新闻出版署批准，上海成立全国第一家出版集团——世纪出版集团，集团由上海人民出版社、上海教育出版社、上海译文出版社、汉语大词典出版社（后为格致出版社）和上海图书公司（上海书店出版社）5家出版单位联合组成。2003年，经市委批准同意，少年儿童出版社、上海古籍出版社、上海辞书出版社、上海科学技术出版社、上海科技教育出版社、上海远东出

位于福州路上海书城之上的上海世纪出版集团（汪耀华 提供）

版社、学林出版社等7家出版单位加入。2005年11月集团转企改制成立上海世纪出版股份有限公司。

为进一步深化改革，2003年12月，上海市新闻出版局所属的上海文艺出版社（上海文化出版社、上海音乐出版社、上海文艺音像出版社）、上海书画出版社、上海人民美术出版社、上海画报出版社（后为上海锦绣文章出版社）、百家出版社（后为中西书局）组建上海文艺出版总社，2009年6月转企改制为上海文艺出版（集团）有限公司。

为进一步做强做大国有重点出版企业，提高上海出版产业集约化水平，2011年6月，市委决定整合上海出版资源，对上海世纪出版集团和上海文艺出版集团进行重组，将上海文艺出版集团并入上海世纪出版集团。2020年11月，集团入选第十二届"全国文化企业30强"名单。

获国家级奖项一直位居全国地方之首

1978年之后，上海出版界坚持把社会效益放在首位，努力实现经济效益与社会效益相统一，不断推出精品力作。按照规划，在重大时间节点完成一批像《辞海》《汉语大词典》《中国医学百科全书》《十万个为什么》等高质量、有影响的大型国家出版工程，在各个时期发挥重大文化作用，获得如精神文明建设"五个一工程"奖、国家图书奖、中国出版政府奖、中国图书奖、中华优秀出版物奖、国家科学技术进步奖等一系列国家级奖项，上海获国家级奖项数量位居全国各省（自治区、直辖市）之首，体现出上海专业出版的实力。

上海科学技术出版社出版的《数理化自学丛书》，使得恢复高考以后，很多人靠读这套书考上大学，改变了自身命运。

上海科学技术出版社出版的《中国医学百科全

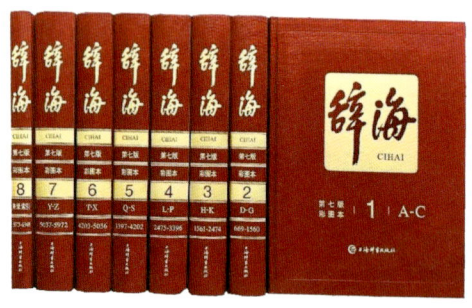

《辞海》已百年

书》是新中国成立之后集聚全国医药卫生力量编写的大型医学参考工具书，内容涵盖基础医学、临床医学和预防医学各个学科，反映中国医学的新技术、新发展和中国医学科学研究的全貌。获首届国家图书奖提名奖。

上海人民出版社出版的《中华文化通志》1991年由萧克创意编撰，1998年10月完成出版，是中华民族历史上第一部对中华文化由古到今、分门别类进行全面系统概括的巨型著作。获第四届国家图书奖荣誉奖。

上海辞书出版社出版的《辞海》（第三至第七版）是以字带词，集字典、语文词典和百科词典主要功能于一体，并以百科知识为主的国内唯一的大型综合性词典。自1915年由出版家陆费逵动议编纂到2020年8月第七版出版，《辞海》走过百余年的历程。1989年版（第四版）获首届国家图书奖荣誉奖。

上海辞书出版社、汉语大词典出版社出版的《汉语大词典》是中国现代辞书史上的一个里程碑，其编纂工作自 1975 年开始，1986 年 11 月出版第一卷，1993 年 11 月出齐。出版后被联合国教科文组织认定为世界权威工具书、联合国汉语翻译指定工作用书。获首届国家图书奖。

上海译文出版社出版的《英汉大词典》由复旦大学陆谷孙教授担任主编，是中国第一部自建第一手资料语库、独立研编而非编译的大型英汉词典。出版后，替代《远东英汉大词典》成为联合国编译人员使用的主要英汉工具书。获第一届国家图书奖，第四届中国图书奖；缩印本获第三届精神文明建设"五个一工程"奖。

上海教育出版社出版的《古文字诂林》是中国规模最为宏大、搜罗最为齐备的古文字汇释类工具书，完整体现出两千年来中国古文字研究领域的基本状况和近百年来古文字研究领域的最新成果，是古文字字形汇集和古文字字义考释两方面的集大成者。获首届中国出版政府奖和首届中华优秀出版物奖。

少年儿童出版社出版的《十万个为什么》从 20 世纪 50 年代开始酝酿。1961 年 4 月第一版出版，很快成为国内影响最大的科普图书。之后又分别在 1965 年、1970 年修订出版第二版、第三版，其中

《十万个为什么》是极受欢迎的科普图书

第三版添加许多"政治元素"。1993年3月第四版24册全部完成。1999年9月出版新世纪版(第五版)。2013年8月第六版出版首发。第四版获国家科技进步二等奖，新世纪版（第五版）获首届中国出版政府奖。

上海古籍出版社出版的《续修四库全书》从1994年全面启动，2002年全书出齐，是继清代乾隆间纂修《四库全书》后又一次在全国范围内对中国古典文献大规模盘点与汇集，也按经、史、子、集四部分类。获第六届国家图书奖荣誉奖。

上海人民出版社出版的《中国通史》由历史学家白寿彝担任总主编，22位历史学家担任分卷主编，近500位作者参与撰写，系统论述远古时代至1949年的中国历史，充分反映20世纪学术界最新研究成果，编写体例新颖独特。《中国通史（导论）》获第十二届中国图书奖。

《中国新文学大系》

上海文艺出版社出版的《中国新文学大系》第二辑（1927—1937）于1984年9月，第三辑（1937—1949）于1991年1月，第四辑（1949—1976）于1997年11月，第五辑（1976—2000）于2009年6月正式出版。《中国新文学大系》第三辑（1937—1949）获首届国家图书奖提名奖、第六届中国图书奖，第五辑（1976—2000）获第二届中国出版政府奖提名奖。

上海文艺出版社出版的《汽车城》《山高水长：回忆父亲聂荣臻》《长街行》《国家命运——中国"两弹一星"的秘密历程》《繁花》《千里江山图》分别获第八、第九、第十一、第十二、第十三、第十六届精神文明建设"五个一工程"奖。

上海科技教育出版社出版的《哲人石丛书》是分批引进的立足介绍当代科学前沿、科技名家，弘扬科学思想、创新精神的大型科普品牌丛书，自1998年底开始，该丛书已陆续推出四个系列——"当代科普名著系列""当代科技名家传记系列""当代科学思潮系列""科学史与科学文化系列"。

上海外语教育出版社出版的《汉俄大词典》获第二届中国出版政府奖图书奖。

华东师范大学出版社出版的《非洲通史》获第十届中国图书奖。

复旦大学出版社出版的《复杂系统中的电磁波》获第三届国家图书奖。

上海交通大学出版社出版的《汉英大辞典》《英汉计算机技术大词典》获第八届、第十一届中国图书奖。

上海科学技术文献出版社出版的《现代组织学》获第十四届中国图书奖。

上海科学普及出版社出版的《图说高新技术应用》获第五届精神文明建设"五个一工程"奖。

新时代上海出版业的力量

截至2024年,上海拥有39家图书出版单位。

其中上海世纪出版集团19家,分别为:上海人民出版社、教育出版社、译文出版社、上海书店、格致出版社(汉大出版社)、少儿出版社、古籍出版社、辞书出版社、科技出版社、科教出版社、远东出版社、学林出版社；文艺出版社、文化出版社、音乐出版社、人美出版社、书画出版社、中西书局（百家出版社）、光启书局（上海画报出版社、锦绣文章出版社）。集团各出版社坚持把文化责任放在首位，充分发挥集约化优势，推出了一大批价值厚重、影响深远的精品力作，所获国家级奖项和重点出版规划入选数量，均在全国出版集团中名列前茅。

上海高校出版社13家，分别为：复旦大学出版社、上海交大出版社、同济大学出版社、华东师大出版社、华东理工出版社、上海外语教育出版社、上海财大出版社、东华大学出版社、上海大学出版社、立信会计出版社、音乐学院出版社、浦江教育出版社（原上海中医药大学出版社）、海军军医大学出版社（原二军大出版社）。各出版社充分发挥高校的教育资源优势，其中有几家出版单位无论是出版专业特色还是产业规模，在上海乃至全国都形成重要影响。

上海社会出版社7家，分别为：上海社科院出版社、上海科技文献出版社、上海科普出版社、上海三联书店、文汇出版社、中国中福会出版社、中华地图学社。各出版社充分发挥专、精、特、新的特色优势，打造了系列图书品牌。

除此之外，1978年11月中国大百科全书出版社上海分社成立，1995年更名并重组为东方出版

位于闵行区号景路的上海世纪出版园

中心，隶属国家新闻出版署，后属中国出版集团。2010年之后，中国出版集团的世界图书出版上海公司成立，商务印书馆、三联书店、中华书局等上海分公司相继"回家"。许多兄弟省市出版集团也分别在上海成立分社或编辑部门，组稿或策划优质选题，一起为上海出版业贡献力量。

进入中国特色社会主义新时代，上海的图书出版业继续保持着创新和发展的态势，在内容创新方面，不断推出具有上海特色、时代特征和国际视野的优秀作品。同时，上海还继续深化集团改革，打造图书出版产业园区，形成了产业集聚效应，进一步提升了上海在全国乃至世界图书出版领域的影响力。上海依然是全国出版的重镇，具有无可撼动的地位。

上海市地方志办公室　姜复生

> 延伸阅读

上海地区古代刊刻书籍的传统

古代，上海所在的江南地区尽管没有现代意义上的大规模出版业，但却有着深厚的文化底蕴和书籍传承的传统。

1959年在上海嘉定外冈发掘到一块泥"郢爰"，上有战国时期楚国的文字，这是上海目前发现的最早文字。

宋代文化繁荣发展，出版业呈现中央和地方百花齐放的局面，特别是位于富庶江南的松江、金山地区，其官府、私家和书坊都有刻本流传。南宋绍熙四年（1193），松江杨潜修《云间志》3卷，是为今上海所辖地区最早的志书。南宋庆元六年（1200）华亭县学徐民瞻刻《陆士龙文集》10卷，

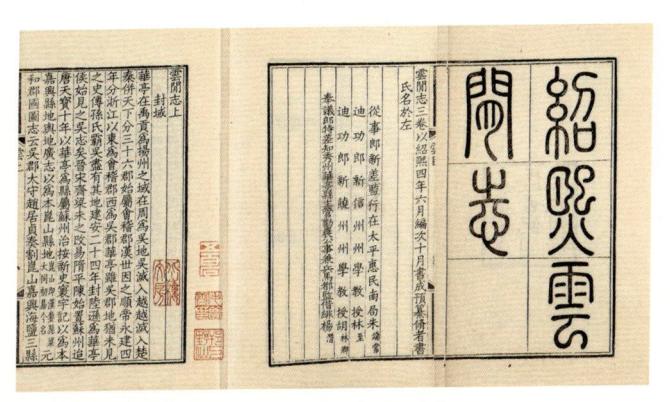

南宋昭熙四年的《云间志》是上海所辖地区最早的志书

南宋庆元六年《陆士龙文集》是现存最早的
上海刻本

是现在流传下来的极其有限的宋刻之一,也是现存最早的上海刻本。

元代至元年间,上海设县,县城之中已有坊刻。明代是中国古代印刷业的全盛时期,上海所在地域书坊众多。清代是中国古代出版印刷事业全面发展的时期,官刻、私刻与坊刻在康乾时期高度商业化,刻本问世者蔚为大观。

上海地域的官刻以地方志为多,官方编纂刊刻县志,有的还刊行了镇里志。明代弘治十七年（1504），郭经修、唐锦纂《上海志》8卷。明代正德七年（1512），陈威等修、顾清纂《松江府志》32卷，正德十六年（1521），聂豹修、沈锡纂《华亭县志》16卷、首1卷。

家刻、坊刻以松江为著。家刻主人多为官员、儒士或藏书家，刊行乡贤或先人诗文集。明代松江陈子龙的平露堂出书有名，崇祯十年（1637）陈子龙因母亲去世回老家松江丁忧，崇祯十三年（1640）五月守制期满，其间，陈子龙与好友们编辑出版了对当时和后世都影响巨大的《皇明经世文编》504卷、补遗4卷，陈子龙还校订了由徐光启所辑的《农政全书》等经世巨著。

吴越国王钱镠的金山后人，一直遵循"诗书传家"的古训，族人嗜书如命，最大的特点是读书、藏书、刻书不倦。刻书自清代乾隆至光绪年间从未间断，其中道光年间由钱熙祚辑录刊刻的综合性中医著作《守山阁丛书》等最为知名，包括补刊共计138种，可谓卷帙浩繁、搜集宽广，独具慧眼、择决精良，精审校勘、汇聚众长。

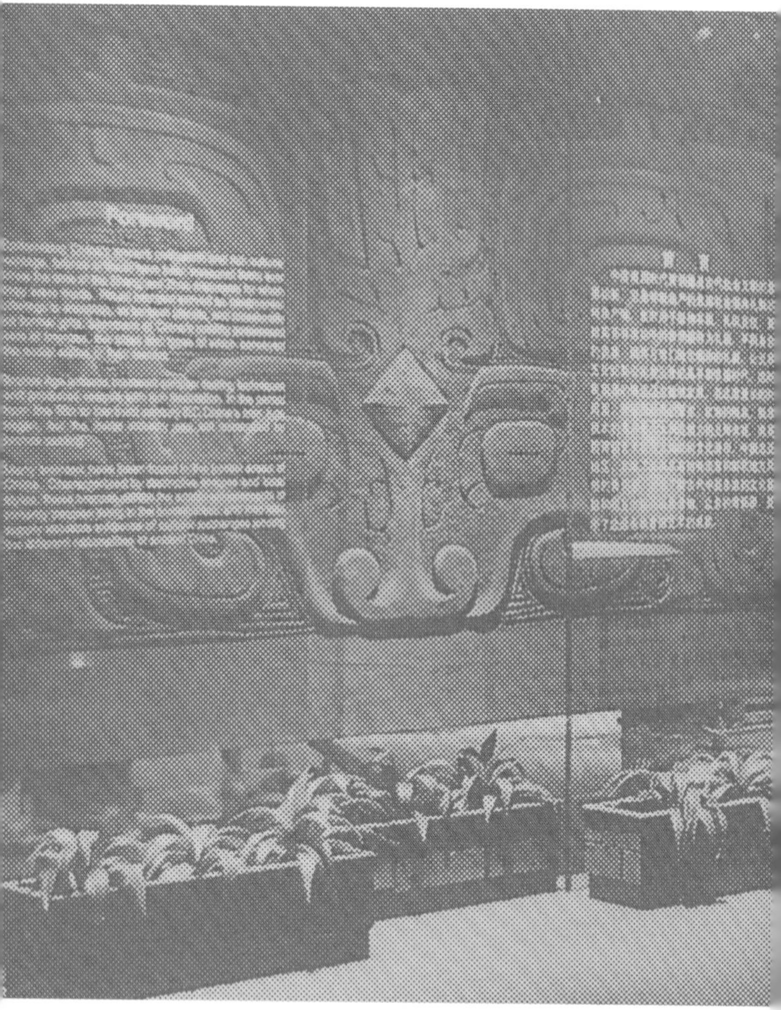

"博物馆之都"形成记

震旦博物院主入口

博物馆,亦称"博物院",是以征集、保护、研究、传播并展出具有代表性的物质及非物质文化遗产为主要方式,为公众提供知识、教育和学习机会的文化场所。

从徐家汇博物院到震旦博物院

很多人可能不知道,中国最早的博物馆出现在上海。中国博物馆的诞生是西学东渐的结果。17世纪和18世纪,自然科学在西方迅速发展,19世纪末20世纪初迎来了全世界范围内大规模科学考察与标本采集的"黄金时代"。由西方人士在中国创建的自然史博物馆,与19世纪中叶到20世纪初西方早期传统自然史博物馆有着一脉相承的特点,收藏研究是其主要功能和业务重心,这些博物馆几乎享有和大学、研究所同等崇高的学术地位;一些重要的学者都是博物馆工作者,广受学界尊重。

1843年之后,因其独特的地理区位,短短几十年间便已成为一个人口超过数百万的国际大都会,成为中西文化交流的桥头堡。到20世纪20年代,上海更是逐渐成为远东重要的经济、金融和贸易中心,也是远东第一大城市和世界第三大城市。

1867年,法国天主教耶稣会神父韩伯禄(Pierre

Marie Heude，又名韩德）来沪，在徐家汇圣依纳爵堂（后称旧堂或老堂）任司铎。1868年，韩伯禄创建了中国最早的一座博物馆。建院时，初名"自然历史博物院"（Museum of Natural History），设于徐家汇天主堂（今蒲西路158号）旁边，韩伯禄任主任。1883年，在徐家汇耶稣会总部之南建造专用院舍，名为"徐家汇博物院"。1930年，在吕班路（今重庆南路）223号震旦大学旁建造新式楼房作为新院舍。落成后，徐家汇博物院藏品全部迁入新址，改属震旦大学管理，遂改名为"震旦博物院"。为纪念创办人韩伯禄，外文名称为"Museum Heude"。

韩伯禄精通物理、动植物诸学科。在创建"自然历史博物院"后长达30多年的时间内，韩伯禄以此为基地，赴国内和远东各地，搜集动植物制成大量标本，如"鹿的头、野猪的脑壳和许多肉食兽类，以及两千多只乌龟背甲，软体动物，贝壳等"，尤以麋鹿为最多。博物院中还设藏书楼，专收中西动植物科学书籍。博物院每日午后，经管理人员同意，让人参观，不售门票，不取游资。韩伯禄著作甚丰，代表作有《南京地区河产贝类志》等。《说鹿》一书经法国有关部门批准，定为科学善本。自19世纪80年代中期始，韩伯禄陆续将整理结果发表在徐家汇博物院的刊物《中华帝国自然史论集》

震旦博物院植物标本室

韩伯禄编制的鸟类图谱之东方白鹤

中,这批出版物完全在中国本土绘图、制版及印刷,也是中国本土自然科学领域出版印刷业的开始,为后来的发展奠定了重要基础。

震旦博物院藏品大多系修道院院长达维特(A.Divid)在华北采集的生物标本和韩伯禄、柏永年(P.Courtois)在长江流域各省采集的珍奇标本,博物院贮藏中国所产植物标本十分丰富,有"远东第一"之称。院内设生物研究部和古物部,有自然标本及中国文物两大陈列室。自然标本展出动物、植物、矿石、昆虫等标本;中国文物展出青铜器、陶瓷器、玉器、钱币等,甚至还有鸦片烟枪和女子绣花小脚鞋。该院经常选择有特色的标本供学者研究,在接待各国学者来院研究的同时,还寄往世界各地供专家研究。

中国第一家公益性博物馆

从1868年起至20世纪30年代末,上海市内先后建有5个博物馆,其中1868年创办的震旦博物馆(后更名为徐家汇博物馆)和1874年创办的亚洲文会上海博物院由旅沪外侨建立,1935年建立的上海市博物馆、1938年建立的中华医学会医史博物馆、1938年建立的警察博物馆则由中国人自建,另外松江于1915年成立了松江县教育图书博物馆。这一阶段是上海博物馆事业的第一次快速发展期,这些博物馆为中华人民共和国成立后上海的博物馆事业发展奠定了重要基础。但这些馆由于经费不足、规模不大、时局动荡,所能发挥的作用有限。

1874年,"亚洲文会博物院"建立。馆址位于上圆明园路(1886年改名博物院路,即今虎丘路)5号(1931年拆屋重建后改20号),隶属英国亚洲文会北中国支会(立于香港的地位观上海,上海居于北方,所以名为北中国支会)。1929年,会所房屋发现白蚁之患,遂提议募款改建。1931年,拆屋重建,1933年,五层大厦会舍落成,四楼、五楼为博物院陈列室,改名"上海博物院"向社会开放。

上海博物院建立后,即着手开展标本的采集、

亚洲文会博物院招牌

征购和剥制，一面任用技巧精熟的专家王树稀剥制动物标本；一面聘请各类专家，开展各学科的研究。麦华陀（Sir Walter Henry Medhurst）、金思密（T. W. Kingsmill）、克威丝威（Keswick）、伟烈亚力（Alexander Wylie）、福勃士（F. B. Forbes）等人均以专家身份参与其事。他们在华北及长江流域各省采集珍奇标本，同时也收购和接受捐赠自然标本和中国历史文物。建院初期，仅有两间陈列室，一间陈列兽类、贝介类、蛇类、鱼类等标本，一间陈列禽鸟类、昆虫类标本。1933年，新会舍建成，博物院陈列室扩大为两个楼层，四楼陈列自然标本，有古生物、人类化石及动植物标本等；五楼陈列中国历史文物，有陶瓷器、青铜器、碑刻等。在陈列布置上，参照当时欧美博物馆的陈列手法，把展品陈设于大玻璃柜中，配以天然景物。

从博物院历任院长的学术身份可见当时博物院拥有一批来自世界各国的高素质外交官、传教士、大学教授和著名学者。据史料记载，近代中国一些著名学者如蔡元培、胡适、林语堂、竺可桢等都曾接受邀请到此演讲。这使其成为近代中西文化交流的一个重要平台。

上海博物院在成立之初，就以公众教育为其建馆宗旨，是一座以自然史收藏为主的博物馆，其藏品种类丰富，涵盖了现代自然博物馆收藏的大部分类别，也是国内最早向社会开放、体现社会公益性的博物馆，20世纪30年代博物院每天都免费向公众开放，节假日照常。它具备了现代博物馆收藏、研究、展示、教育等功能，与同期成立的北美自然史博物馆的办馆理念完全同步。

以实物标本为知识传播手段的上海博物院具有极大的说服力和可信度，对普通民众来说是闻所未闻的新鲜事，对近代上海社会产生了广泛而深入的影响。英国著名博物学家索威比在《上海博物院简史》中记载道："中国观众对此兴趣盎然，他们对此大海怪的着迷，远胜于对西方人的好奇。"

除了展示陈列，博物院还举办一系列面向社会的活动，发挥应有的社会教育功能。如免费举办各种临展、有专门教育督导员免费为观众讲解、利用

上海自然博物馆外滩老馆恐龙展厅

藏品开设系列讲座等。涉及内容之丰富，在当时的社会环境下难能可贵。

1949年之后，震旦博物院和上海博物院两个博物馆遗留在中国的标本、藏品也成为了1956年筹建的上海自然博物馆的基础。现在，在上海自然博物馆（上海科技馆分馆）藏品库房仍可以找到不少标有"Shanghai Museum"（上海博物院）和"Museum Heude"（震旦博物院）字样的标本底座或标签。

建造四年开馆仅半年的上海市博物馆

外国人在上海开设博物馆深深刺激了中国人，同时也开阔了国人的视野，从而加快了追赶的步伐。

上海市博物馆创建于1933年,1935年1月10日开馆。馆址设在江湾市中心区府前左路（今长海路长海医院病房大楼右前侧第二军医大学图书馆）。钢筋混凝土结构的四层楼大厦,占地面积1900平方米,建筑面积约3400平方米,投资30万元（法币）。底层的两翼作博物馆内部工作的场所,包括库房、研究室和办公室;二楼的两翼作为艺术部的陈列室;后面大厅的底层和二楼全部作为历史部的陈列。

1933年9月,上海市政府成立"上海市图书馆、博物馆、体育场筹备委员会"。翌年7月自市政公债中拨出30万元作为筹备博物馆的经费。1937年3月成立"上海市博物馆临时董事会"。叶恭绰任董事长,程演生任副董事长。同年11月设立上海市博物馆筹备处,李大超任主任,胡肇椿任副主任。1936年3月,市政府将原临时董事会改组成立上海市博物馆董事会,筹备处同时结束,委派胡肇椿任馆长。1937年八一三事变后被迫停馆。

上海市博物馆争取社会上许多收藏家的支持,采用收购、鼓励捐献和寄存等方法,征集所需要的陈列品。为了征集和复制有关上海历史文献,曾举办过一个规模较大的一市十县历史文献展览会。日本侵华时,该馆重要文物寄存于震旦大学,未迁出之陈列品,均毁于战火。1941年12月,太平洋战争爆发，日军侵占租界。1943年，寄存在震旦大学的文物落到文化汉奸手中。抗日战争胜利后，博物馆开始追查被劫文物，后在伪市府白利南路（今长宁路）的一个仓库中发现，经清点，缺少16568件。1946年复馆时，经过重新征集，馆藏青铜器、陶瓷器、书画和历史文献等各类文物仅16932件。

八一三事变前，馆内陈列基本分历史、艺术两大部分：历史陈列部分，以反映上海历史变迁为中心；艺术陈列部分，主要陈列古代青铜器、陶瓷器、书画、雕刻、玺印、钱币等2万余件（枚）。1946年复馆后，在北四川路的博物馆，因馆舍很小，经费极少，仅设立金石、陶瓷、明器三个陈列室及历史文献廊。

八一三事变前曾举办"中国建筑展览会""各国博物馆展览会""三代古玉及唐代邛瓷展览会""海南岛黎苗民物展览会""铁路工程展览会""上海文献展览会"等六个专题展览。复馆后，又举办了"世界各国博物馆摄影展览会""国父事迹展览会""上海抗战史文献展览会"等六个专题展览。

在开展学术研究方面，八一三事变前编辑出版了《博物馆学通论》《古物之修复与保存》《古玉概说》等丛书，在《民报》上创办了《上海市博物馆周刊》。复馆后，考古发掘了松江（今金山区）戚家墩遗址

位于"大上海计划"江湾中心区域的上海市博物馆

和编辑出版《上海市博物馆藏印》,并在《中央日报》开辟专栏"文物周刊",出版了110期。

1948年,该馆从古玩市场得到上海古董商大规模文物走私出口的消息,通过多方奔走呼吁,扣留了运往纽约的17箱文物,包括著名的山西浑源李峪村出土的牺尊等贵重文物近千件。1949年上海解放,市人民政府于6月接管上海市立博物馆,改名为"上海市历史博物馆"。1951年11,月并入上海博物馆筹备委员会。

由两位西医推动成立的中华医学会医史博物馆

中华医学会医史博物馆创建于1938年7月,最初的馆址设在上海池浜路41号(今慈溪路41号)

中华医学会总会内，是中国最早的医学史专科博物馆。1950年秋，中华医学会总会迁往北京，医史博物馆交由中华医学会上海分会管理，全称中华医学会上海分会医史博物馆。1955年9月迁至北京东路国华大楼。1959年1月，又改属上海中医学院，并迁至该院内，改称上海中医学院医史博物馆。

中医史博物馆的创立，应归功于伍连德和王吉民这两位西医。1916年前后，他们浏览了美国医史学家嘉立森（Garrison·FH）的《医学史》，在近700页的专著内，谈到中国医学的内容不满一页，并有谬误。为此，伍连德致函该书作者：何以对中国医学作如此轻描淡写之介绍和不正确的评价。作者复信说："中医或有所长，但未见有以西文述之者，区区半页之资料，犹属外人之作，参考无从，遂难立说，简略而误，非余之咎。"两人读后，感触很深，决心深入研究和发掘中国医学史，经10年之久，终于用英文撰成《中国医史》专著，于1932年出版。同时，将搜集的一些医史文物，于1937年4月中华医学会在上海举行第四届全国会员代表大会时，举办了"医史文献展览会"。展品2000余件，有制药工具、药瓶、针灸与外科工具、中医古籍、医家传记、画像和医事画等。王吉民在会上发表《筹设医史博物馆刍议》一文，引起与会者极大兴趣。展

中华医学会医史博物馆序厅（上海中医药博物馆 提供）

览会结束后，部分展品留作筹办医史博物馆的陈列品，经一年多努力筹措，中华医学会医史博物馆于1938年7月开馆，王吉民任馆长。

  陈列室利用了中华医学会图书馆的一个房间，陈列内容分绘画、名医肖像、处方墨迹、医药工具等四大类，展品有明代炼丹炉、明末傅青主行书立轴和清代叶天士处方笺等400余件。新中国成立后，中华医学会医史博物馆获得空前发展，文物数量和陈列面积都显著增加。由于中华医学会1951年迁至北京，博物馆于1959年被划入上海中医学院（现上海中医药大学）并更名为上海中医学院医史博物馆，1998年博物馆恢复隶属中华医学会，命名为中华医学会/上海中医药大学医史博物馆。2003年与上海中医药大学中药标本室、党史校志编辑办公室合并，命名为"上海中医药博物馆（中华医学会医史博物馆）"，馆址位于张江蔡伦路1200号上海中医药大学校内，是我国规模最大、藏品最多的公立中医药博物馆之一，建筑面积6314平方米，展览面积4050平方米，藏品1.4万余件，中医药文献近万册，各种中医药珍品琳琅满目。

上海博物馆引领下的"博物馆之都"

新中国成立后至改革开放前，上海市政府在接管、改造旧有博物馆的基础上，在市、区、县筹建了一批具有一定规模与质量的博物馆、纪念馆，为上海文博事业和中国文物博物馆事业的发展奠定了良好基础。

中华人民共和国成立伊始，上海市委、市政府高度重视文物博物馆事业。一方面，对旧的博物馆和文物收藏机构进行接收改造；另一方面，成立一批新的文物收藏机构，大力推进社会主义文化事业发展和文化设施建设。1949—1966年，上海新成立博物馆、陈列馆、纪念馆14家，涉及文化、艺术、历史、人物、科普等多方面。

上海博物馆特色展（上海博物馆 提供）

上海博物馆（人民广场）鸟瞰图（黄浦区地方志办公室 提供）

上海博物馆于1950年4月开始筹建，1952年12月21日开馆。建馆初期，馆址在南京西路325号（原跑马厅大厦）。1959年迁至河南南路16号（原中汇银行大厦）。建馆初期，上海博物馆机构设置仿照苏联博物馆模式，采用三部一室制，设立保管部、陈列部、群工部、办公室。1958年，设立文物修复工场；1960年，设立文物保护技术科学实验室；同年6月，上海市裱画生产合作社并入上海博物馆，在文物修复工场建立书画装裱组。

1978年后，上海的博物馆事业进入了新的发展期，上海博物馆（人民广场馆）、青浦区博物馆、陈云故居暨青浦革命历史纪念馆、刘海粟美术馆、上海公安博物馆等一批博物馆、纪念馆、陈列馆、美术馆落成开放，极大丰富活跃了广大人民群众的精神文化生活。1986年，国务院颁布上海为历史文化名城，为上海各博物馆、纪念馆和美术馆事业的发展提供了新的动力。以1996年上海博物馆新馆开放为标志，上海博物馆事业在向世界最高水准学

鲁迅纪念馆（鲁迅纪念馆 提供）

2025年1月23日，"贞观鉴——大唐历史文化主题展"在闵行区博物馆开幕
（闵行区博物馆 提供）

青浦博物馆（青浦博物馆 提供）

习、创新的基础上，迅速确立了在中国博物馆界的领先地位。

21世纪，上海的博物馆事业进入新的高速发展期，短短十余年间，90余家博物馆、纪念馆、陈列馆科、技馆相继建成开放。

2022年，上海推出"大博物馆计划"，构建"3+X"新发展格局，打造国内最大的博物馆航母群之一。上海博物馆以人民广场馆、东馆、考古主题博物馆（简称北馆）为核心，在海内外设立若干分馆，打造有世界影响力，具有中国特色、中国风格、

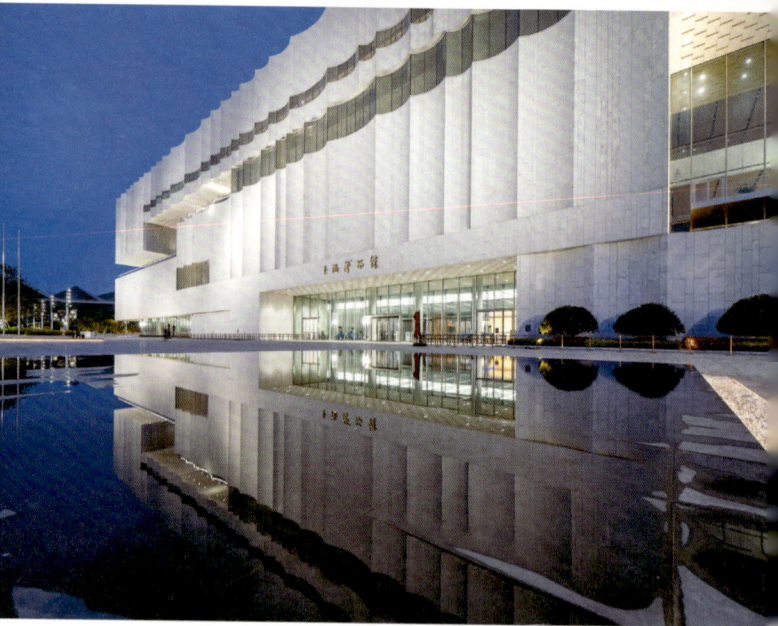

上海博物馆东馆入口（张殿文 摄）

上海博物馆东馆鸟瞰图（郑宪章 摄）

中国气派的博物馆文化品牌，助力上海加速成为"博物馆之都"。2024年2月2日起，上海博物馆东馆（浦东新区世纪大道1952号）试运行，总建筑面积113200平方米。同时推出"星耀中国——三星堆·金沙古蜀文明展"和"邂逅三星堆12K数字艺术展"，点燃市民观展热情。

上海博物馆携手四川省文物考古研究院、四川广汉三星堆博物馆、成都金沙遗址博物馆等28家单位，共展出363件套文物，是迄今为止古蜀文明考古出土文物在四川省外最大规模、最高规格的展出阵容。来自28家文博考古单位的借展文物分10个批次、5条线路，途经11个省、自治区、直辖市，

三星堆·金沙古蜀文明展览现场（郑宪章 摄）

共25个地级市，跨越1.6万千米，历经借展、点交、运输、布展、养护等诸多环节，克服困难，如期抵沪。

展览分"天行乾道""地势坤物""人和明德"三大主题，主要有三个亮点：第一，这是国内迄今规模最大、门类和体系最全的古蜀文明展；第二，约三分之一的展品为最新考古发现；第三，着力呈现古蜀文明与不同族群和文化的交流互动。前期，28件三星堆遗址出土文物被运至上海博物馆文物保护科技中心进行修复。在文物修复过程中，还清理出十多件其他小型文物或碎片，其中12件被选为展品一同展出，这也是本次展览的意外之喜。

2024年5月18日，上海市文旅局发布的《2023

中共一大纪念馆新馆开馆当日,络绎不绝的参观者有序排队入场
(张锁庆 摄)

年上海市博物馆年度报告》显示:截至2023年底,上海市已有博物馆165座。以2023年上海市常住人口2487.45万计,每15.1万人拥有一座博物馆,远超全国平均水平。中共一大纪念馆2023年共迎来293.80万观众,成为最受欢迎的博物馆。全市博物馆的藏品总量为226万件/套。其中,珍贵文物(一、二、三级文物)23.9万件/套。上海博物馆拥有文物藏品102万件,占据了全市博物馆藏品的半壁江山。2023年,上海全市博物馆共接待观众3099.1万人次,创历史新高。在上海,逛博物馆,正在从生活新风尚逐步进阶到市民的"精神刚需"。

上海市地方志办公室下属上海通志馆 吕志伟

> 延伸阅读

上海元代水闸的考古故事

2001年5月3日,上海博物馆的值班人员接到一位热心于文物保护的市民电话,报告在志丹路和延长西路交会处的志丹苑建设工地发现古墓。2002年5月30日,志丹苑发掘工程正式开始。三个多月后真相大白:所谓古墓是一处元代的水闸。水闸规模之宏大,做工之考究,保存之完好,世所罕见。志丹苑水闸的总面积约1300平方米,以闸门为中心,平面大致呈对称八字形,发掘出水闸的闸门、南驳岸石墙和部分过水石面、木桩等遗存。志丹苑水闸在使用时期,宽30～40米的河道在这里被人为收窄,经过闸门。岁月流逝,河道早已淤积,但是淤泥内包含了青瓷和青花瓷器残片,还有一具完整的鱼骨,似乎在遥望当年河流奔流不息、沿河繁华热闹的街市风貌。志丹苑水闸的建造方法基本符合宋代《营造法式》中水利工程的做法,布局严谨,用材做工俱佳,是迄今为止我国保存最好的古代水利工程之一,对研究吴淞江、太湖流域乃至中国的水利史都是不可多得的实物证据,也是研究上海城镇、城市发展史的珍贵资料。志丹苑的发掘创造了上海考古的两个第一:上海城区第一个发掘出土的大型遗址、上海考古史上投资规模第一的发掘项目。

在吴淞江的水利建设之中,先后主持疏浚工程的,宋朝

图四:志丹苑水闸遗址平面图

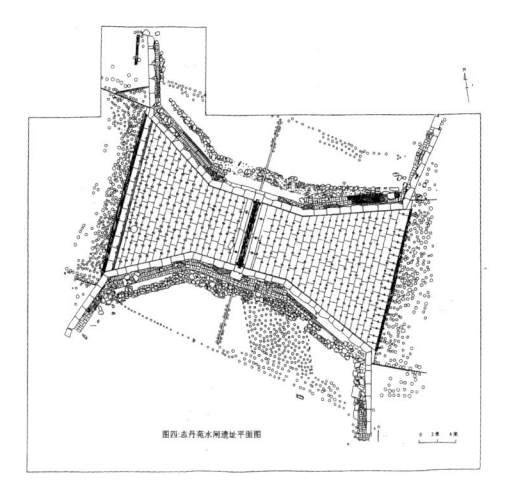

上海元代水闸遗址

有范仲淹、郑直,元朝有任仁发,明朝有夏元吉、海瑞等。他们采用的疏浚方法有原道疏浚,有新开河道,还有置建水闸。粗粗作一统计,宋代在吴淞江流域建造了13座水闸,元代建造9座。任仁发是上海人,建元大都有功,为兴家乡水利,立都水监,负责治理吴淞江。据文献记载,任仁发在吴淞江的支流、嘉定的赵浦建造了两座水闸。志丹苑位置就在赵浦流经之处,很可能就是其中的一座。这座水闸的功用是挡住赵浦的流沙,以助吴淞江的防淤和疏浚。今天原址已建成上海元代水闸遗址博物馆,这为元代上海的水利技术史提供了一个重要的实物佐证,据此也可以想象任仁发当初治水的景象。志丹苑元代水闸遗址对于了解苏州河历史变迁、水利发展具有重要意义,被评为2006年十大考古发现之一。

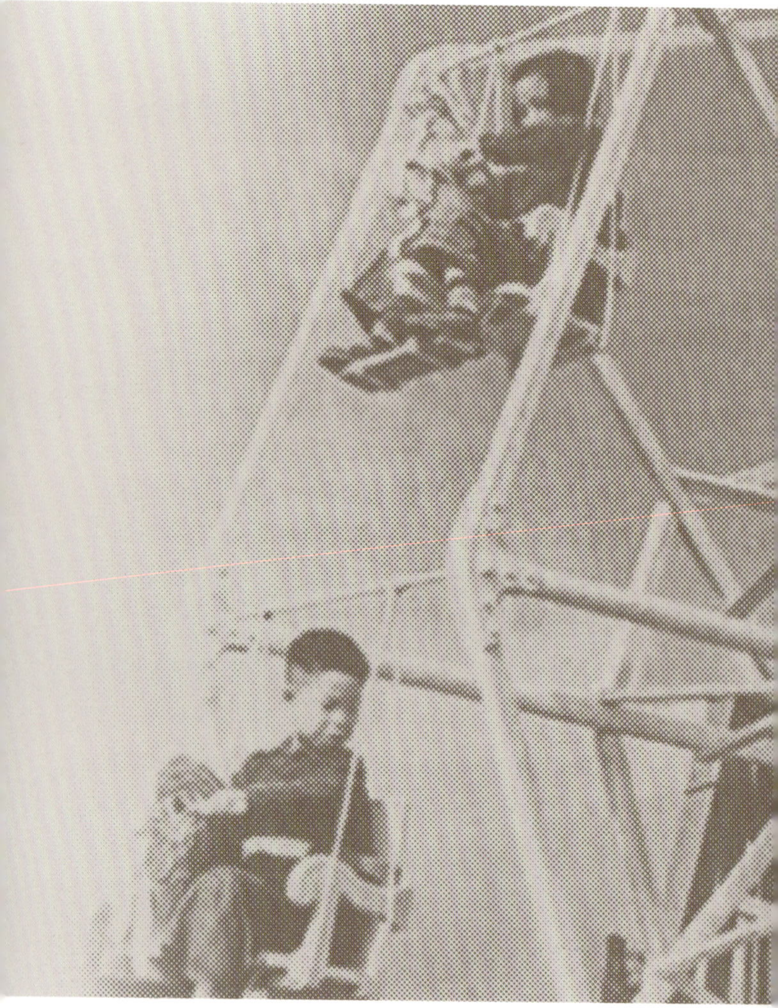

从城市公园
到公园城市

世博文化公园鸟瞰图（宋鑫宝 摄）

公园是城市的绿肺与名片，是城市风情与历史的浓缩。城市公园诞生于近代。近代以前，作为休闲场所的园囿，无论东方还是西方都早已有之，诸如皇家园林、贵族花园等，但那都只对少数人或特定人群开放，不具有公共性、开放性。城市公园回应了城市居民对空气清新、环境优美和秩序井然的新型公共空间的需求，实现了公众社交、聚会、休闲、娱乐、运动与教育活动相结合的理想。

上海开埠后，出现了近代中国第一座城市公园"外滩公园"（今黄浦公园），也是近代中国最早出现公园和公园最多的城市。2003年12月，上海荣获"国家园林城市"称号。自"十四五"规划开年起，上海着力打造公园城市，全面推进"生态之城"建设。

租界的四大公园

上海开埠后，租界内先后建造了15座公园。1868年，外滩公园建成，是近代上海也是中国最早的城市公园。此后，公共租界又相继建造了虹口公园（1895年，今鲁迅公园）、兆丰公园（1914年，今中山公园）、霍山公园（1917年）等10座公园；法租界先后建造了法国公园（1908年，今复兴公园）、贝当公园（1925年，今衡山公园）、兰维纳公园（1942

年，今襄阳公园）等5座公园。其中外滩公园、虹口公园、法国公园、兆丰公园并列为租界四大公园。

四大公园中，兆丰公园最大，类似于今天的郊野公园，是近代上海树种最多的公园，也是最受游客青睐的游览和野餐地，园中园是兆丰公园的特色。1922年8月，"动物园"对外国人开放，是上海境内第一个公立动物园。外滩公园和法国公园位于市中心，是休闲胜地，夏夜纳凉避暑最为便捷。外滩公园因位处黄浦江、苏州河口，虽然面积最小，却是全市观赏黄浦江景色的最佳处。法国公园是法租界公董局每年举行重大活动的地方，也是当时生活在附近的郭沫若、郁达夫、刘海粟等常去游玩散心的地方。虹口公园是一个以体育活动为主的综合性公园，体育设施齐全，在1935年江湾体育场建成以前，是上海最主要的体育活动场所。

四大公园中，外滩公园建成时间最早，又名公共花园、公家花园或公花园，中国人习称为外国花园或外白渡公园、大桥公园、外滩公园等。1936年9月改名外滩公园，1945年12月改名春申公园，1946年1月改名黄浦公园至今。园址原为苏州河口的一块浅滩。1860年，恰值一艘沙船在外滩北首英国领事馆前的黄浦江与苏州河汇合处沉没，使河流受到阻滞，由海潮涨落带来的泥沙逐渐淤积起来，日子一久，

法国公园（今复兴公园）

形成了一片与外滩岸边相接连的泥滩。1863年，英美租界工部局计划改造外滩的道路和岸线，工程包括填土以拓宽外滩，整理岸线，在江边辟建30英尺的人行道和种植行道树。翌年，工部局工程师克拉克提出整治外滩和苏州河口岸线的报告，他建议构筑外滩永久性堤岸，并在苏州河口南的浅滩上填土，变苏州河口的喇叭形为直筒形，迫使苏州河水流方向和黄浦江一致，这样就不会在河口出现漩涡和继续形成新的浅滩。工部局董事会同意克拉克的报告，并打算利用河口南端的滩地辟建公共花园。1865年冬，建园填滩及改造外滩工程和疏浚洋泾浜工程同时开工，以洋泾浜挖出来的河泥填筑滩地。1868年

外滩公园中的乘凉者

8月8日，公园正式对外国人开放。建园之初，公园按英国园林风格设计，凭借两面临江的优越位置和绿化吸引游人。园内沿江有一条大道，路边植一列乔木，树下为木制长椅，供游人休憩。外滩公园的最大特色，是靠着外白渡桥南的黄浦江边，每天江水汹涌，溅泼有声，波面风来，衣飘袂举，坐在铁链以内的长椅上，是夏夜最佳的纳凉方式，也是看江浦潮汐、船桅烟影的一个极佳所在。在外滩公园，最具标志性的构筑物，要数音乐厅了，除冬季外，每周在此举行露天音乐会，是近代上海最早的露天音乐会举办地。

关于外滩公园，一条"华人与狗不得入内"的园规曾引起轩然大波。1885年11月，上海著名绅商陈咏南、吴虹玉、颜永京等8人联名写信给工部局，要求拆除这块牌子，并提出有条件允许华人入园游观。但这一引发争议的园规在字句上或有差异，各条顺序或有变动，但基本内容没有变化。由其肇始，租界其他公园也鲜有向华人开放的。直至1928年6月1日，慑于北伐军节节胜利和武汉收回租界的热潮，外滩公园正式向华人开放，此时距公园建成已经历了漫长的60年。公共租界其他公园也陆续向华人开放，同时开始实行售票制度，年券售价1元，零券每次铜元10枚。法国公园于同年7月1日向华人开放，门票亦售铜元10枚。

三大名园

租界当局长期不允许华人进入租界公园，严重伤害了中国人的民族自尊心。当社会公共服务无法满足民众日益增长的休闲娱乐需求，以营利为本的经营性私园就出现了，比较著名的有味莼园（张园）、双清别墅（徐园）、愚园、半淞园，还有申园、大花园、西园、六三园、敏园、丽娃栗妲村等，它们均于抗日战争期间被毁。清末民初，时人将张园、愚园、徐园并称为"上海三大名园"，是文人雅士必游之地。

张园的游乐设施

其中，张园最负盛名，是最能体现上海时尚，反映上海气质，听到上海人声音的地方。在晚清，张园是展示电灯、焰火、载人气球、冒险冲浪等新奇事物的场所，因张园地处租界，地方政府无法直接干涉，园中又有安垲第大草坪，因此成为上海各界集会、演说的主要场所。

"张园西去到愚园"。愚园是南社的主要活动地点，1909—1922年，南社共举行18次正式雅集和4次临时雅集，其中12次正式雅集和2次临时雅集都是在愚园举行的。徐园的活动多带有浓郁的文化气息，政治性质的集会相对较少。

三大名园之外，半淞园虽开园时间较晚，却是沪南最大花园，又毗邻上海南火车站，交通便利，人流量很大。半淞园以凸显中华文化元素为特色，园林设计悉从中华传统园林特点，假山水榭，亭台池沼，巧为布局；半淞园的餐饮、游乐、展览项目更丰富，每年端午节举行龙舟竞赛，万众争睹，闻名遐迩。1920年8月，毛泽东邀集新民学会会员在半淞园集会，送别赴法留学的会友，并合影留念，同时讨论新民学会会务。五卅运动以后，上海掀起抵制洋货、提倡国货的热潮，半淞园成为宣传国货的中心。将游园休闲与振兴中华联系在一起，典型地体现了那个时代上海城市的特点。

1927年，上海特别市成立后，上海华界的公园也有了一定程度的发展。相继辟建文庙公园、市立动物园、市立植物园、市立第一公园等。文庙公园于1932年6月1日对外开放。这是一个教育化的公园，设有民众教育馆、图书馆、"一·二八抗战"战绩陈列馆、儿童阅览室、卫生标本室、播音室、平剧研究室、演讲厅等，以增进市民智识，培养一种积极向上的精神和意志。各界在民众教育馆举行了众多活动，如孔子诞辰纪念大会、国际妇女节纪念大会、卫生运动会等，发挥了陶冶市民、教育市民的社会教育功能。1935年10月，市立第一公园开放，位于杨浦区五角场镇，是近代上海华界市政当局建造的第一个颇具规模和园艺水平的市政公园。公园富有江南水乡特色，东部为湖岛区、假山风景区，西部为花坛区，并建有培育花卉的温室；西南部为儿童园，中部为树林区；内外两套环路，沟通内外各主要景点。可惜的是，1937年八一三事变爆发后，这些公园大多毁于战火。

至1949年，上海市区有公园14个，总面积65.88万平方米；街道绿地10处，总面积3600万平方米；市区人均公共绿地面积0.13平方米。

人民公园为人民

上海解放后，开始大规模集中建园植绿。如把昔日的跑马厅北部改建为人民公园，新建绍兴儿童公园、华山儿童公园、西康公园、西郊公园等，还建造了一批与工人新村配套的公园，如曹杨公园、宜川公园。1958年，响应毛主席"实行大地园林化"的号召，上海相继兴建杨浦、和平、长风等综合性大型公园。至1960年，上海城市公园总数达55个。

这一时期的公园，在上海人民心目中无可替代的当然是人民公园，其前身是跑马厅。

1952年1月20日，上海市工务局下达建设人民公园工程计划任务书，公园面积为18.85万平方米，建设投资为26万元。按照经济、美观、实用的原则，采取自然风景园的形式，山环水绕、高低掩映。建

人民公园早期四周环绕一条1.2千米的小河

园工程于1952年6月3日开始，开工不久即进入梅雨季节，雨日达27天，之后又经历了三次台风的侵袭。工人和技术人员为向国庆献礼，坚持小雨天不停工，终于保证工程于当年9月25日全部完成。建园所用的248吨假山石，多为市民捐献。不少机关、团体和个人向公园赠送名贵树木，总数达两千余株。建成后的人民公园，东北为儿童活动区，西南为成人活动区，北、中部为休息游览区。园北、中部丘陵起伏，小河萦回曲折，有5座小桥与园路相连。园内有竹茅亭8座、水榭1座、长廊2座、棚架1座。站在园中央大草坪上，可一览园外国际饭店、大光明电影院、上海博物馆（后改为上海图书馆，今上海市历史博物馆）、上海市第一百货商店等近代优秀建筑。园中有茶室、点心部，儿童活动的设施也较多。

1952年10月1日,公园对外开放,园名由陈毅题写。

1956年起,人民公园不断调整文娱设施、绿化布局。如1957年4月,在公园西南开辟钓鱼区,垂钓者最多一天达947人次。1958年,利用废钢渣在园南堆了一座高13米、占地250平方米的小山,上置菊花1500盆、一串红100多盆。是年开始,在小河中备木制手划小艇供游人租用……20世纪80年代前,上海的公众游乐场和活动项目相对匮乏,人民公园以其优越的地理位置和定期举办活动,吸引了大量游客,游客数量始终居高不下。20世纪80年代末,为配合人民广场及周边综合改造,人民公园面积锐减。2000年,为配合市政建设,又一次大规模改建。改建后的公园,占地面积不到10万平方米,共设五个出入口,主门为5号门(南京西路231号,大光明电影院对面),位于人民广场南北中轴线上。以中轴线为界,园区大致分为东、中、西三个区。西部最大程度保留原先荷花池、西山瀑布等传统景观,东北部为儿童游乐园,东南部和中部则是老年人休闲锻炼区和百花园等。此后,公园布局未有大调整,但人民公园的故事和变化依旧不少。

人民公园的英语角和相亲角成为上海别具特色的风景线。改革开放后,大批外国游客走进人民公园,英语爱好者便常去园内"混朋友圈""操练口语",自

人民公园英语角

发形成每周日英语角，如此盛况的群众性活动持续了 30 多年。2005 年起，继英语角之后，公园相亲角再次让中外瞩目。每逢周末，靠近南京西路大门内人头攒动，全都是为儿女婚姻操碎了心的爷叔阿姨。

人民公园也是凝聚初心和使命的红色地标，处处闪耀红色光芒。公园北部建有五卅运动纪念碑，西部有张思德雕像，东部有南极石园，承载着许多红色记忆。

2022 年国庆，人民公园迎来建园 70 周年。为提升市民游园体验，有关部门将南极石园等区域提级串联，打造"春夏花路、秋季彩林、冬季闻香"的多彩城市主题公园，使之成为周边生活、工作和游玩者的舒适微空间。这座老牌公园在城市更新的道路上徐徐前行，它在上海市民的心中仍无可替代。

从占绿建屋走向拆屋建绿

改革开放之后,上海园林绿化被纳入城市建设规划,先后辟建和改建上海大观园、上海植物园、共青森林公园、东平和佘山国家森林公园、上海野生动物园等。1993年,按照创建"国家园林城市"的目标,上海绿化建设从以"见缝插绿"为主进入"规划建绿"新阶段。2003年12月,上海市荣获"国家园林城市"称号。

迎"世博"期间,上海先后建成环城绿带100米林带工程和400米绿带工程一期、闵行区体育公园、梦清园等,基本消除内环线以内500米绿化服务盲区。2017年、2020年,黄浦江沿岸45千米和苏州河中心城段42千米滨水岸线先后贯通开放,形成活力汇聚的高品质滨水公共空间。截至"十三五"末,全市公园数量已突破400座,人均公园绿地面积达8.5平方米,即每个市民拥有"绿色一间房","环、楔、廊、园、林"生态格局基本形成。

延中绿地(今名广场公园)是上海从占绿建屋走向拆屋建绿大转折的标志,也是2000年市政府重大实事工程之一。建造延中绿地的初衷,与"温度"有关。在原上海市园林管理局局长胡运骅的电脑里,

苏州河梦清园一带鸟瞰图（郑宪章 摄）

有一份20世纪90年代市园林局和气象局合作完成的《上海绿化缓解城市热岛效应的研究》课题资料，用卫星遥感测出的城市热场分布图中，市中心夏天气温比郊区高3℃–4℃，"热岛效应"明显。所以，上海市园林管理局把缓解城市热岛效应，作为上海拉开建设大绿地大幕的切入点。

绿化部门提出的规划结构是"环、楔、廊、园、林"。环就是环城绿带，楔就是中心城的8块楔形绿地，廊就是主干道两边的绿色走廊，园就是每区都要建40000平方米以上的绿地。延中绿地，恰恰位于最中心的位置，好比风箱的拔风口，树木的蒸

延中绿地鸟瞰图（黄浦区地方志办公室 提供）

腾形成拔风，空气就能在市区和郊区间形成环流。

上海寸土寸金，搞绿化的难度很大。过去是见缝插绿，上海便有了"邮票绿地""豆腐干绿地"，到后来是"香肠绿地"。要规划建设像"延中绿地"这样的大型绿地，必须拆迁房子，腾出地方，规划实施的阻力非常大。一方面延中绿地的前身是上海旧房危房最密集的地区之一，当时延中绿地区域拆出一亩空地，平均要动迁40户居民，一户要补贴20万元，算下来一平方米要1.2万元。一亩地800

万元的拆迁成本，在20世纪90年代算是天文数字了。另一方面延中绿地所处区域为市中心的黄金地段，如果这些土地用来批租，每平方米高达3600美元，延中绿地一期面积是34000平方米，这样算来，仅仅土地批租的效益就是10多亿元。而建设绿地，不仅损失了土地租金，还要投入大量的人力、物力、财力，从短期经济效益来看肯定得不偿失。幸好，上海市决策者们已经理解生态建设的重要性，将公用事业改革中挤出的资金，投入到造绿中。在

规划设计方面，绿化部门进行了国际招标。"这是上海第一次建造大型开放式绿地，和过去带围墙公园的设计理念并不相同，本土设计师实践经验不足，我们特地组织相关的设计人员向先进的全球城市学习。"时任上海市园林设计院院长的全国工程勘察设计大师朱祥明这样说。最终出炉的绿地设计方案以"绿"为主题，"水"为主线，"蓝""绿"交融。

公园城市时代来临

作为应对高密度聚集生活及过度人工化、物质化等城市问题的缓和剂，"城市公园"扮演的角色，不仅仅是为公众所用的娱乐休憩场所，更是提升城市形象、吸引人气，从而注入城市新活力，引起城市功能更新转型的"城市新引擎"。"十四五"起，上海开始系统建设"口袋公园"（原街心花园）。

见缝插绿、拆违补绿、拆墙改绿……在上海的中心城区，要造动辄上万平方米的大公园，难之又难，于是，利用各种"边角料"地块，或拆或改，打造"麻雀虽小，五脏俱全"的口袋公园，成了为"城市画布"涂上绿色的首选。

口袋公园因地制宜，形式多样，有的是单位"打开绿地"。单位附属绿地的开放模式，与人行道、

上海辞书出版社花园（静安区绿化和市容管理局 提供）

公共绿地、口袋公园等有机融合，延伸"公园+""+公园"理念，以"绿色共享空间"焕发"城市生态活力"，助力公园城市建设。

上海自2022年起开展单位附属绿地开放共享的试点，并于当年完成21处、19万平方米的附属绿地开放，由附属绿地改建而成的口袋公园达到10个，取得良好的社会效果。部分项目成为所在区域的好去处，如徐汇吴兴花园、上海音乐学院汾阳路校区附属绿地、静安区上海辞书出版社花园、华东政法大学长宁校区附属绿地、追梦园等。位于北京西路与陕西北路转角的上海辞书出版社旧址是上海市优秀历史建筑。2021年出版社整体迁出，为了延续文化底蕴，建设方以"都市书院"为设计主题，

华东政法大学长宁校区沿苏州河滨水空间(长宁区地方志办公室 提供)

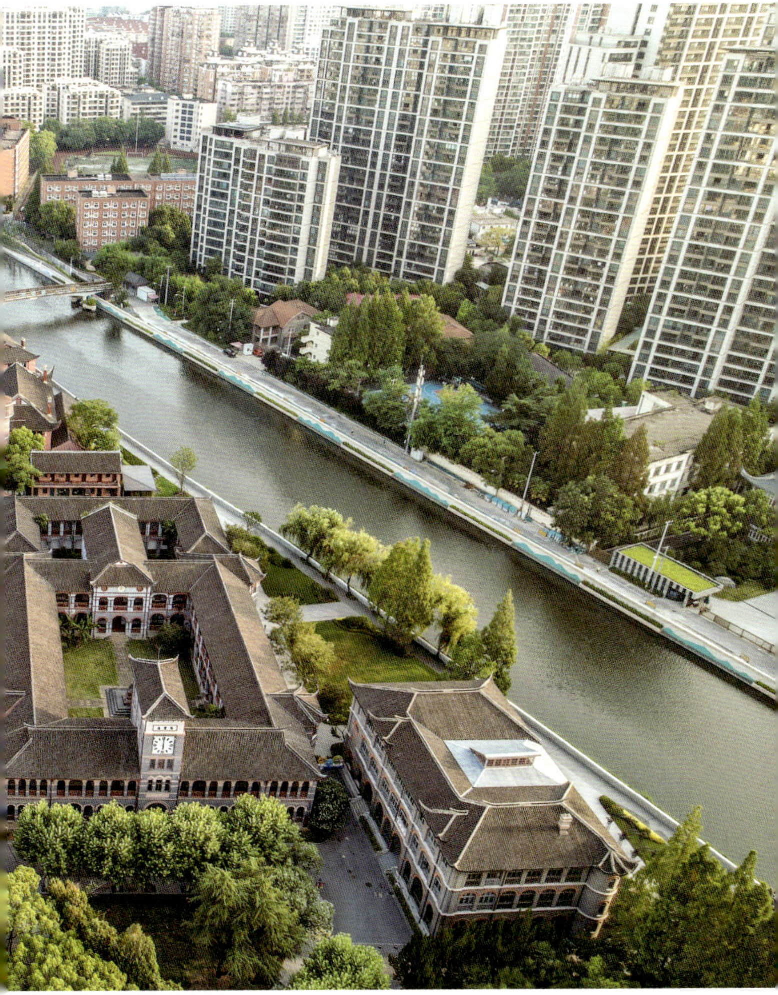

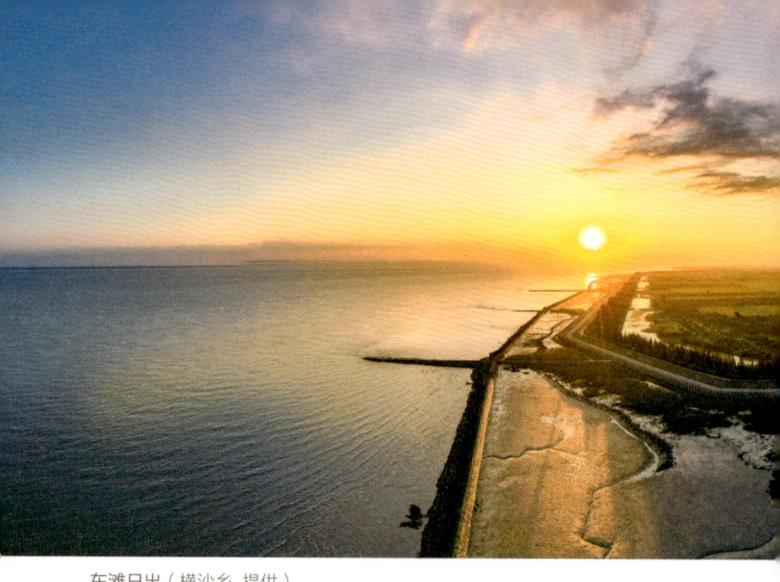

东滩日出（横沙乡 提供）

采用错落叠放书籍的形式，同时新增水景涌泉，水声与树叶婆娑声相互叠加，温和地消减城市喧嚣；夜间配合水景下的星空灯光，使得水池更具有灵动性。在绿化植物方面，大乔木被尽可能保留下来，并增加金叶箱根草、玉簪、穗花婆婆纳、无尽夏等花境植物，打造一处静谧、多彩的花园。

有的口袋公园"变废为宝"，还"一路生花"。虹旭生境花园 1.0 版所在的三角形区域是一块"边角料"，曾被违建占据，垃圾成堆，居民投诉不断。为此，居委会邀请社会组织、专家、区人大代表和居民代表一起"头脑风暴"。最终，建一个具有生物多样性保护功能的花园获得大多数人认可。大自然保

护协会基于动植物物种调查、光照条件分析,三角地以保护鸟类、传粉昆虫、黄鼬等为目标,打造"自然栖息保护区""互动体验区"和"自然科普休憩区"三大板块,尽量减少人类活动对动物栖息空间的打扰,又为居民提供了亲近自然的场所。复旦大学专家团队在花园里安装的两台红外线摄像机拍摄到这里已栖息了26种鸟类、36种昆虫、2种蛙类及4种小型哺乳动物。2023年,在1.0版花园附近,又有一块闲置空地被打造为虹旭生境花园2.0版"无忧谷"。

至2023年12月,上海有公园832座,其中城市公园477座、口袋公园265座、乡村公园83座、郊野公园7座。按照上海城市总体规划,至2035年,

上海浦江郊野公园（张锁庆 摄）

上海将建立"公园体系、森林体系、湿地体系"三大体系，建设"廊道网络、绿道网络"两大网络，将拥有30处以上郊野公园，将构建包括环城绿带和近郊绿环的双环、9条生态走廊及10片生态保育区，森林覆盖率达到23%左右，人均公园绿地面积达到13平方米以上。上海将形成与卓越全球城市总目标相匹配的"城在园中、林廊环绕、蓝绿交织"的生态空间，形成具有国际化大都市特色的市容景观环境，保障城市生态安全，提升城市环境品质，满足市民休闲需求。未来上海的公园，有着无限可能。从有界到交界，再到无界融合，"边界"的逐渐模糊，也是"园在城中"向"城在园中"的转变。

上海市地方志办公室 黄晓明

延伸阅读

上海的私家园林

上海园林是从南北朝开始逐步发展起来的。据传三国时期在今上海市境已建有寺观园林，但言之有据的说法是南朝梁初园林开始出现。梁末陈初（551—581），今金山亭林镇出现了一座未命名的宅园，园主是语言文字学家、史学家顾野王，乡人以该园是顾晚年读书写作之处，称之为"读书堆"。据明、清两代《松江府志》载，读书堆在亭林"宝云寺后，高数丈，横亘数十亩，林樾苍然"。这是现今上海地区有文字记载的最早的宅园。

此后，在北宋有嘉定的赵氏园，南宋有嘉定的怡园、松江的施家园、南汇的瞿氏园，元代有上海乌泥泾的最闲园、青浦小蒸的曹氏园、奉贤陶宅的云所园等。由于倭寇骚扰，明代中叶宅园建设一度停滞。明嘉靖三十二年（1553）为御倭寇建上海县城墙，三年后倭患停息，经济渐趋繁荣，宅园兴建进入鼎盛时期。从明代中叶至清代中叶，在现上海市境内所建的宅邸园林累计达数百处，其中较为著名的：明代有上海县的豫园、日涉园、渡鹤楼（也是园）、露香园，嘉定的秋霞圃、古猗园、檀园，松江的秀甲园、濯锦园、熙园；清代有松江的醉白池，青浦的曲水园，上海的城隍庙东园、丛桂园、溪园，奉贤的一邱园等。这些古园几经沧桑，大多

清嘉庆十六年《嘉定县志》中的古猗园图

豫园内景明信片

湮没，唯豫园、秋霞圃、古猗园、曲水园、醉白池残存。中华人民共和国成立以后，这几座园林经多次修复、扩建，成为上海公园中的五大江南古园。

潘允端于明嘉靖三十八年（1559）利用住宅西侧"蔬圃数畦"营造园林，聘请当时的造园大师张南阳设计建造，历经20多年建成，基本奠定了明代豫园的格局，并取"豫悦老亲"之意，名之为豫园。自潘允端之后，园林日趋式微，清初遂有各类同业公所占据园内，变成聚集、议事、活动的场所，豫园因此具有了部分"公共性"。至清乾隆四十九年（1784），上海地方士绅集资买下豫园，将之捐给城隍庙，与内园东西夹峙于城隍庙两侧，遂分别被称为西园、东园，豫园因此变成邑庙园林，因应香客需求，在各种节庆日开放游览，人流如织。

豫园虽几经修缮、改建，但仍是上海目前江南园林中保存基本完整的明代园林，1982年3月，被国务院批准为全国重点文物保护单位。

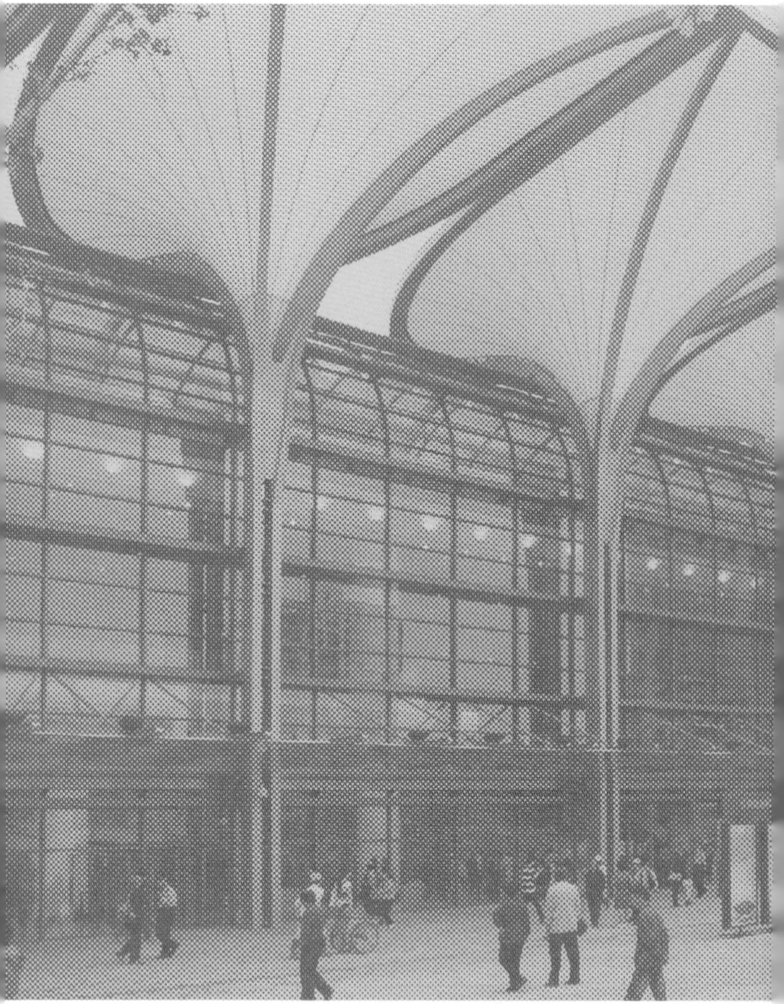

连通四方的陆上门户

1876年12月，中国第一条通车运营铁路吴淞铁路开通

凭借着世界运营里程最长、年发送旅客最多、全球综合竞争力最强等骄人成绩，中国高铁成为了一张亮丽的中国名片。回溯中国铁路发展史，你会发现，上海是个起点，这里有中国第一条营运铁路吴淞铁路。火车站作为铁路的重要节点，是所在城市的窗口与名片。上海的火车站从最早的三座发展到如今的50余座，不仅为所在街区带来了繁荣与发展，也见证了上海的城市发展与社会变迁。

中国第一条营运铁路：吴淞铁路

1865年，英国商人杜兰德在北京宣武门外的护城河边修建了一条约500米的展览性铁路德小铁路，这是中国大地上的第一条铁路。上海开埠后，外国商船纷纷涌入黄浦江。吴淞口作为进入黄浦江的必经之处，泥沙淤积，航道水深不足，外国货轮不得不在吴淞口外抛锚，然后用驳船卸下部分货物，再乘潮驶入黄浦江。自1860年起，英、美、法等国公使曾多次向清政府提出设置航道机构并疏浚黄浦江水道的要求，均被婉拒。他们转而要求修筑铁路。

据《上海铁路志》记载：1863年7月，上海27家洋行联名向钦差大臣、江苏巡抚李鸿章要求修筑上海至苏州间铁路，为李拒绝。1866年，英国公使阿礼国出面提出在上海到海口之间修筑一条铁路,又被清政府总理各国事务衙门所拒绝。此后,美国驻上海副领事奥立维·布拉特福发起修建一条从吴淞码头到上海的窄轨铁路,未经中国同意就于1872年组织"吴淞道路公司",诡称要修筑一条"寻常马路",骗取上海道台沈秉成的允许。吴淞道路公司征购了上海至吴淞间长9.25英里(14.88千米)、宽约15码(13.7米)的土地,委派英人玛礼逊为总工程师兼负责人。1876年1月20日,上海至江湾区段开始铺轨。1876年2月14日,机车"先导号"(Pioneer)开始试行。继任上海道台冯焌光虽为此多次交涉,铺轨工程仍在继续。1876年6月30日,上海至江湾段通车;7月3日,吴淞铁路上海江湾段正式营业。这是一条轻便窄轨铁路,全长14.5千米,全线设上海站、江湾站和吴淞站3站。其中,上海站设于今河南路桥北堍,站屋为木结构,共2间,一为票房,一为行李房、值班室。站内建有单侧式月台,长约50米。上海至江湾通车营业刚满一个月,1876年8月3日,火车在江湾镇北面轧死一名行人,乡民大愤,抗议声浪迭起。经清政府多次派人沟通,1877年10月20日,中国赎回铁路并拆除。

拆除后,路基则改作普通道路北河南路,民间俗称"铁马路"。上海站的站房等设施被一并拆除。

江湾站

淞沪铁路带动吴淞地区发展

甲午战争结束后,国内有识之士痛定思痛,掀起一股实业救国的热潮,于是在全国范围内建设铁路就摆上了议事日程。1894年,两江总督张之洞奏请朝廷修建沪宁铁路。1896年秋,铁路总公司成立,后迁至上海,盛宣怀任督办,筹银300万两,首先修建淞沪铁路。在吴淞铁路拆除20年后的1897年2月,淞沪铁路在吴淞铁路原路基的基础上开建。1898年8月5日淞沪铁路全线竣工,9月1日通车营业,全长16.09千米,设上海、江湾、张华浜、蕰藻浜、炮台湾5个车站。淞沪铁路与吴淞铁路的路线基本相同,仅南北两端有所变动。南端的上海站设在界路今天目东路北侧、河南北路以西。北端延伸至炮台湾，设炮台湾站。1904年，淞沪铁路归并沪宁铁路管理后，改称"淞沪支线"。民国时期，近郊乘客增多，陆续增加至9个车站。抗日战争期间，淞沪铁路为日军控制，更名为吴淞线，沿途车站一度增至14个。

淞沪铁路承担着繁重的客运和货运任务，不仅为上海经济的发展做出了重要贡献，还带来了吴淞市面的繁荣，并开启了吴淞交通的近代化。吴淞渔市盛况历久不衰，"因渔而商"，吴淞镇商业兴盛；新式教育出现，炮台湾一带聚集了中国公学、复旦公学、吴淞商船学校、江苏省立水产学校、国立政治大学、同济医工大学、上海第四中山大学医学院等学府，20世纪的吴淞成为上海名副其实的"大学城"。1928年被划归为上海特别市商港区，吴淞发生了翻天覆地的变化。

上海解放后，淞沪铁路继续办理客运。1962年，上海公交线路延伸至吴淞镇及上钢一厂等处，行驶线路基本上与淞沪铁路平行，加上淞沪铁路客货列车对闸北、虹口市区平交道口人车通行干扰较大，淞沪支线旅客列车于1963年初全部停驶。淞沪铁路何家湾至宝山路区段改作货物运输线使用。1997年，淞沪铁路线宝山路站至江湾段钢轨被拆除，部分建设为上海轨道交通3号线。如今，随着城市更新的推进，老车站化身上海新地标，炮台湾站、吴淞火车站、江湾站等都又成为上海城市景观的一部分，用另一种方式传承城市文脉，讲述上海故事。

上海人记忆里的老北站

对于有点年龄的上海人，只要是说到上海的火车站，他们不会想得很远，也不会想得很近，他们会想到五十年前的北站——上海人叫他老北站。当时的北站，听来听去都是上海话，撞来撞去都是上海人，站台上卖茶叶蛋的小贩也是上海人。在上海人的心中，上海火车站就是老北站，它承载了上海人太多的离愁别绪。1987年上海火车站启用后，上海人从不喊他上海火车站，而是称其为"新客站"，因为在他们心中，上海站永远属于老北站。

老北站原名上海站，为沪宁铁路的起点。1916年，沪宁线、沪杭甬线联络线建成后，上海站更名为上海北站。沪宁铁路于1905年4月开工，1908年3月竣工。全线长311.0千米，有大小桥梁302座，是当时中国设备比较完备、标准比较高的一条铁路，耗资白银1669万两，平均为5.36万两/千米。初建时沿线设置37个车站，其中上海境内设有真如站、南翔站、安亭站等。主站屋是当时的

1909年落成的上海北站主站屋

上海地标性建筑，四层洋房，有房屋76间，总面积16090平方英尺。底层房屋为车站，楼上为办公室。整栋建筑以钢柱为支架筑成，墙基均打入木桩，底层外墙有三面用青岛青石砌造，其余外墙用耐火砖，各层楼面皆用钢筋混凝土浇筑地坪。同时，站场内建有月台2座，一座长440米，一座长198米。1909年7月17日，该站举行落成典礼，各界来宾约1000人出席。

老北站建成后，宝山路一带很快发展成为华界最繁华的商业中心之一，闸北逐渐成为了上海陆路交通的枢纽、"华界工厂发源之大本营"和沪北商业中心，被誉为"华界模范自治区"。

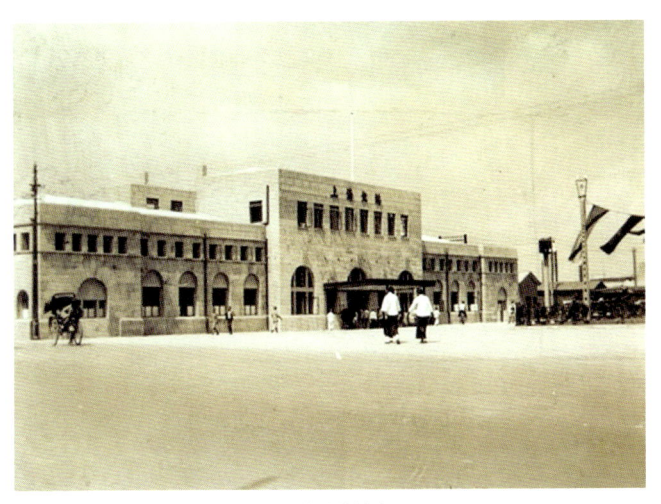

抗战胜利后，在老站房基础上重建的老北站站房

战争时期，交战双方以铁路作为攻守之凭借，所以铁路常常率先成为战场。1932年"一·二八"淞沪战争，闸北、吴淞、江湾等沿线地区都遭到了战火的毁灭性打击，老北站四层办公楼房毁于战火。1937年"八一三"淞沪抗战期间，被日军炸毁。沦陷期间，为日军所占据。抗战胜利后在原址重建。解放后是老北站软席候车室。

中华人民共和国成立后，通过复线建设和分段修筑，沪宁线运能大大提升。直至1987年停止运营，老北站一直都是上海最大的客运火车站，被称为上海陆上北大门，见证了诸多重大历史瞬间。1912年1月1日，孙中山赴南京就任临时大总统，老北站

20世纪70年代的老北站站台站（徐加 提供）

万人送行；1913年宋教仁在上海北站被刺杀；1921年中共一大代表在老北站乘火车去嘉兴……2004年，在原站房基础上修建的上海铁路博物馆开门迎客。

上海陆上南大门——上海南站

说起上海南站，大家印象最深的肯定是它的外观——沪闵高架路旁的"飞碟"，它是上海为适应21世纪需求而建的标志性建筑。1996年，建设轨道交通3号线时，就确定了上海南站建设项目。综合各方面因素，上海南站选今址建造。南站于2006年建成，是世界首个圆形火车站，巨大的圆形站屋结构由2列54根钢柱支撑，18组"人"字形钢架构成，体现出建筑的力学美感；车站四周的墙面和

上海南站鸟瞰图(徐加 提供)

各层之间采用双层真空玻璃以及圆形透光屋顶自然采光设计,外观好似一个璀璨的"飞碟",寓意"车轮滚滚、与时俱进"。站屋主体工程总建筑面积为56718平方米,主体檐口高度24.2米,中心制高点高度42米。上海南站作为上海对外交通的陆上"南大门",是国内首个火车、地铁、轻轨、公交等多种交通工具"零换乘"的综合交通枢纽。

近百年前,上海也有一南一北两大火车站,其中南大门便是上海南站,它还是沪杭铁路的起点站,与老北站遥相呼应。1909年,沪杭铁路全线通车。全线长186.2千米,设24个车站。其中,上海境内设有上海南站、龙华、莘庄、松江、枫泾等车站。起点站因位于城南半淞园一带,故称上海南站。上海南站建成后,半淞园地区随之发展加速,附近店

长宁西站铁道口（许海峰 摄）

铺林立，黄浦江畔半淞园游人如织，华商电气公司电车贯通，高昌庙至周家渡对江渡衔接，呈现一派热闹繁荣景象。尤其1916年沪杭、沪宁铁路接轨，上海南站客流量大增，次年即由111万人次骤增至450万人次，1922年高达600万人次。

1937年抗日战争全面爆发后，建成不到30年的上海南站被日军炸毁。至11月，"南火车站一带，亦半成焦土"。沪杭线路因此缩短至日晖港站。新龙华站至日晖港站的铁路称新日支线。老上海南站如今只剩下南车站路、车站支路的路名，在提醒人们不要忘记这段历史。

还有一个黄浦江畔的水陆联运火车站，也曾一度名为上海南站。1958年6月1日，日晖港站与新龙华站合并，改名为"上海南站"。同年底两站分开,新龙华站恢复原称,日晖港站仍称"上海南站"。1999年12月28日,正在建造的上海第二客站先行便捷启用,并定名"上海南站",办理货运的上海南站改名南浦站。随着滨江贯通,2009年6月28日,南浦站停止运营,新日支线随即废弃并拆除,其部分遗迹成为徐汇滨江的一处景点。

上海西站与"铁路桥"

沪宁、沪杭铁路虽然都"接轨上海",但1916年前两条线路在上海境内没能实现接轨。因此沪宁、沪杭联络线建设很快启动。1915年3月沪杭、沪宁联络线开工兴建,1916年11月竣工,同年12月正式通车。联络线全长16.6千米,新建了麦根路货站、梵皇渡站、徐家汇站、龙华新站。沪杭线起点由上海南站改到上海北站,上海南站至龙华新站的一段线路改为上南支线。两路接轨后,旅客可以任意从上海北站或上海南站上车。上海南站开出的客车在新龙华站与北站开出的客车衔接,然后开往杭州方向;杭州方向到上海的旅客,在北站下车的乘坐前段列车,在南站下车的乘坐后段列车,到新龙华后分成两列,分别开抵北站和南站两个终点站。

因为联络线要过苏州河,还修建了一座横跨苏

昔日上海西站，后改名为长宁站

州河的钢结构桥梁凯旋路桥，原名极司菲尔铁路桥，俗称铁路桥，又称"沪杭铁路二号桥"。如今桥下还有一座蒸汽机火车头，诉说着这段历史。

上海南站被炸毁后，原沪杭线新龙华至日晖港段改为新日支线，并在市西区修建真如至上海西站的真西支线。至此，上海地区铁路格局初步形成。至上海解放前，上海境内总计有沪宁、沪杭 2 条干线，淞沪、新日、真西 3 条支线，客运站主要是上海北站，货运站主要有麦根路站、日晖港站和吴淞站。至上海解放前夕，境内铁路干线、支线、专用线及站线在内的线路总长达120多千米。

沪宁、沪杭联络线上的火车站,大家最为熟悉的莫过于梵皇渡站。因站址位于梵皇渡路(今万航渡路)南侧,建站初期称梵皇渡车站,1935年称上海西站。1916年启用后,一时间周边人流涌动,凯旋路以东的长宁路两侧商店鳞次栉比。1922年长宁区最早的公交环线"静安寺—曹家渡—兆丰公园环线"开通,增添了西站地区的繁荣度。

1989年,铁道部批准上海真如车站改为上海西站,原上海西站改名长宁站。1997年,建设上海轨道交通三号线时,长宁站改建为中山公园地铁站。

永远的"新客站"

中华人民共和国成立后,随着国家经济建设的复苏和发展,上海铁路的客货运量显著增长,为此新建了一批与上海工业布局配套的线路和车站,并于1969年建成布局比较合理的上海铁路枢纽。1978年后,随着改革开放的不断深入,上海铁路客货运量迅速增长,运输能力不适应需求的状况日益凸显。20世纪80年代起铁路"中取华东""再取华东"建设,开启了由既有铁路技术改造到大规模新建铁路的新历程,实施了从新客站和沪宁、沪杭复线建设等到沪宁、沪杭线电气化改造等一大批重大工程。

这其中,新客站(上海站)的建设最为引人瞩目。自1937年上海南站被炸毁后,上海的客运站主要就老北站,改革开放之后,老北站不堪重负。为了缓解上海"乘车难"的困境,改变"大城市,小客站"的局面,1981年,上海向国务院请示,在上海东站原址基础上,建造上海站。

上海东站的前身是麦根路货站。1908年沪宁铁路通车后,铁路西侧逐渐发展为商业集市。为适应当时经济发展需要,1913年货站建成对外营业,因邻近吴淞江对面租界的麦根路(今石门二路底),遂取名麦根路货站。

开站初期,以运输沪宁线的杂货为主,由于运量少,运距短,属货运小站。1916年,沪宁、沪杭甬两线接轨,地处两线交叉口的麦根路货站开始办理货物中转和水陆联运业务,运量日渐增多。1937年"八一三"淞沪战争爆发后,该站由日伪华中铁道株式会社管辖,成为日军军运站。上海解放后,1950年上海总站改称上海站,原由总站管辖的麦根路站独立经营。1953年1月,麦根路站改名为上海东站,核定为一等货运站,办理整车到达发送、列车中转和货车编组业务。1958年开始,上海北站的零担货物逐渐迁到上海东站。1960年后,上海东站

1987年落成的新客站（徐加 提供）

逐渐成为以办理零担货物到发、中转为主，并兼办整车粮食到发、煤炭到达、水陆联运和涉外物资运输等业务的华东最大的零担货运站。1975年，因为上海东站站址被选为兴建上海新客站之用，遂将彭浦站扩建成货运大站（今北郊站）以替代上海东站。

1978年10月，上海东站撤销。

新客站的建造，对于上海而言是件大事，为加强对工程的领导，1986年初，市政府成立上海铁路新客站工程领导小组，共动迁居民7219户，大小单位273个，共拆除旧房165034平方米，总投资40501万元，其中铁道部23333万元，上海市15824万元，此外加上邮电部交邮政地道贴补费200万元和动迁费1144万元。施工过程极富挑战，

20世纪90年代，春运期间的新客站。车窗成为上下客的捷径
（徐加 提供）

一方面要确保原上海站保持正常运输；另一方面原上海东站虽于1982年4月1日停办货运业务，但仍办理沪宁、沪杭旅客列车的通过、交会、小运转到发，机务段、材料厂到发车辆的取送、调车、单机通过，客车车底存放，路料卸车等业务。为此，指挥部组织制定了施工大纲、施工网络图、施工用地图、工地交通道路图等，并组织各施工单位实施。工程于1984年9月20日打桩开工，1987年12月28日剪彩通车。上海终于有了一座与之相称的陆上新大门。上海市民亲切地称之为"新客站"。

新客站的候车室有大小16间、1.35万平方米，

上海站北立面改造后焕然一新（徐加 提供）

最多可以容纳1万人。而且，冬有暖气，夏有冷气，大大改善了旅客候车条件。其"高架候车、南北开口"的设计，缩短了旅客流程，减轻了市内交通压力。高进低出，避免了进、出站旅客的相互干扰，为在人口稠密的大城市立体使用土地开了先河，是全国第一座具有20世纪80年代先进水平的火车站。直到1995年，还被铁道部作为客运大站样板，在全国铁路推广。南北两个广场面积共92687平方米，方便了旅客集散。新客站启用后，站区南、北广场周边市政面貌迅速改观，商业更见兴旺，1992年启动的不夜城建设项目就是以新客站为依托的。

高铁时代：浦东、浦西两大国际"空铁"客运枢纽

进入20世纪90年代，以提速为重点，铁路建设、运输生产、改革管理向深层次发展。2008年，随着高铁时代的到来，沪宁城际铁路和沪杭高铁建成启用，京沪高铁加紧建设，上海铁路的快速发展，带动了上海城市交通枢纽乃至长三角交通运输网络建设的合理布局和全面发展。火车站是铁路网的重要组成部分，必须点线能力匹配，方能使铁路网功能完善、运力强大。上海虹桥站、上海南站便是高铁时代应运而生的两大特等站。

上海虹桥站建设始于2004年。当年2月，铁道部与上海市签署《关于加快上海铁路建设工作的会议纪要》，明确在浦西地区新增以高速列车作业为主的七宝站。为适应新世纪国际经济发展的趋势，实现把上海建设成为"四个中心，一个龙头"的国际性大都市目标，带动长江流域经济的快速发展，更好地服务于长三角乃至全国的经济建设与发展，缓解京沪沿线地区交通紧张局面，满足2010年上海世博会的交通需求，2005年，铁道部、民航总局和上海市人民政府共同研究决定，在上海市中心区西部虹桥机场的西侧，规划兴建一座包括京沪高速

上海虹桥站（徐加 提供）

铁路终点站（虹桥站）在内的集航空、铁路、地铁、城市公交等多种交通方式于一体的城市综合性换乘中心——上海虹桥综合交通枢纽。

2008年6月20日，上海虹桥站综合场试桩区打下第一根桩。2010年7月1日建成通车。虹桥站与上海站、上海南站以及规划建设的浦东客站，形成上海铁路枢纽主要客站网，承接京沪高速铁路、沪杭甬客运专线的大部分长途始发终到客车及全部通过客车和沪宁城际部分始发终到客车，是全路日发送旅客最多的车站。同时，它与虹桥机场一起，形成上海"空铁一体"虹桥综合交通枢纽，为旅客提供15分钟换乘、步行不超过300米的便利，成为全球最大的综合交通枢纽。

虹桥站平直、方正、厚重的建筑表现形式，既保留了传统的建筑特色，又融入了现代建筑元素，给人以一种稳重、坚实而又充满活力的感觉，不仅在全国四大铁路客运枢纽中独具特色，同时也与机场航站楼浑然一体。鸟瞰虹桥站房，它犹如一架静卧的巨型飞机，用特有的建筑语言向世人传达了虹桥综合交通枢纽的功能与特征。远眺虹桥站房，它又像一艘巨轮，尽显端庄、雄伟之姿，正朝着既定的目标前进。

2023年3月，上海东站建设启动，又一个"空铁一体"的东方枢纽大港即将落成，万众瞩目。上海东站与浦东机场联动形成新的"东方枢纽"，与浦西的虹桥枢纽共同成为上海市国际（国家）级客运枢纽。2024年12月，市域机场线开通运营，连接浦东、浦西两大客运枢纽，最大程度地便捷乘客出行。

至2024年底，上海市境内有沪宁线、沪杭线、沪杭内环线、沪杭外环线、沪杭高铁、京沪铁路、市域机场线等10余条铁路线路，有上海新客站、上海虹桥站、上海南站、松江站等50余个车站。

未来,《上海铁路枢纽总图规划(2016—2030)》构建了"五个方向、十二条干线"的通道网络和"四主多辅"的铁路客运枢纽格局。上海将新建沪渝蓉、沪苏通、东西联络线,新增上海东站、宝山站、崇明站等火车站。不久,崇明岛将迎来自己的火车站。

铁路的兴起是交通近代化的标志。从1867年到2024年,上海铁路已经走过近一个半世纪的历史。上海铁路线路从一条到十余条,火车站从三个到五十余个,见证了上海的城市与社会变迁,见证了中国铁路从无到有到强,从艰难起步到发展繁荣的历史,见证了中华民族从战争走向和平走向复兴的强国之路,为上海国际航运中心建设提供强大支撑和不竭动力。

上海市地方志办公室 刘雪芹

> 延伸
> 阅读

从沪杭内环线到轨道交通 3 号线

当年，沪宁、沪杭联络线（1986 年沪杭外环线建成后，此段称为沪杭内环线）的建设大大便利了乘客的周转，加速了长三角铁路网的形成，同时也有效遏制了租界扩张。19 世纪末 20 世纪初，上海的公共租界、法租界，以各种理由谋求扩张。尤其 1914 年，法租界扩张成功，公共租界亦谋求再度扩展，相关消息频繁见诸报端。在选择沪宁、沪杭铁路联络线的走向时，"以我之铁路，围彼之租界"的未雨绸缪，成为遏制租界扩张的有效举措。在工部局内部讨论的拟扩张方案中，承认沪宁、沪杭铁路联络线将"形成新的西部界线，又在徐家汇路以西虹桥路将形成租界的南部界线"。可见，中方所采取的"铁路手段"初见成效。

但是，沪宁、沪杭及其联络线的铁路走向，也对上海城市空间造成了长达百年之久的影响。上海铁路在确定走向时，避免进入或者靠近租界是重要考量因素，这就导致上海铁路难以与交通要道"一江一河"及其沿线工业区形成联动效应。同时，还造成了对上海城市空间的割裂。近代上海城市道路与铁路均采用平面交叉方式，没有一座立体交叉式跨铁路桥梁。截至 1946 年，市区范围内共有 44 处平交道口。1949 年后，沪杭内环线外侧兴建大量住宅，矛盾骤升。因

淞沪支线宝山路道口未拆除前道口关闭情形
（徐加 提供）

今轨道交通3号线中山公园鸟瞰图
（徐加 提供）

为这里居民上班的工厂大都分布在沪杭内环线以内，居民的每天出行都要穿越铁路道口，极其不便。1984年，沿线平交道口每天共需要封闭100余次，受阻各种车辆约5万，波及30多条公交线路，全年造成670余万元和35万个工作日的经济损失，还常常引发交通事故。

1996年，上海市政府决定拆除沪杭内环线和淞沪铁路北站至江湾路段，改建为城市高架铁路明珠线。1998年，原沪杭内环线轨道与平交道基本拆除完毕。2000年12月，明珠线开通运营。明珠线工程（一期）全长25千米，其中利用原有沪杭内环线、淞沪支线线路18千米，龙漕路和中潭路之间的明珠线基本沿用了之前的路基。至此，长期困扰上海的两路联络线和淞沪铁路（部分）寿终正寝，基本消除了市区内铁路线路对城市发展的不良影响。

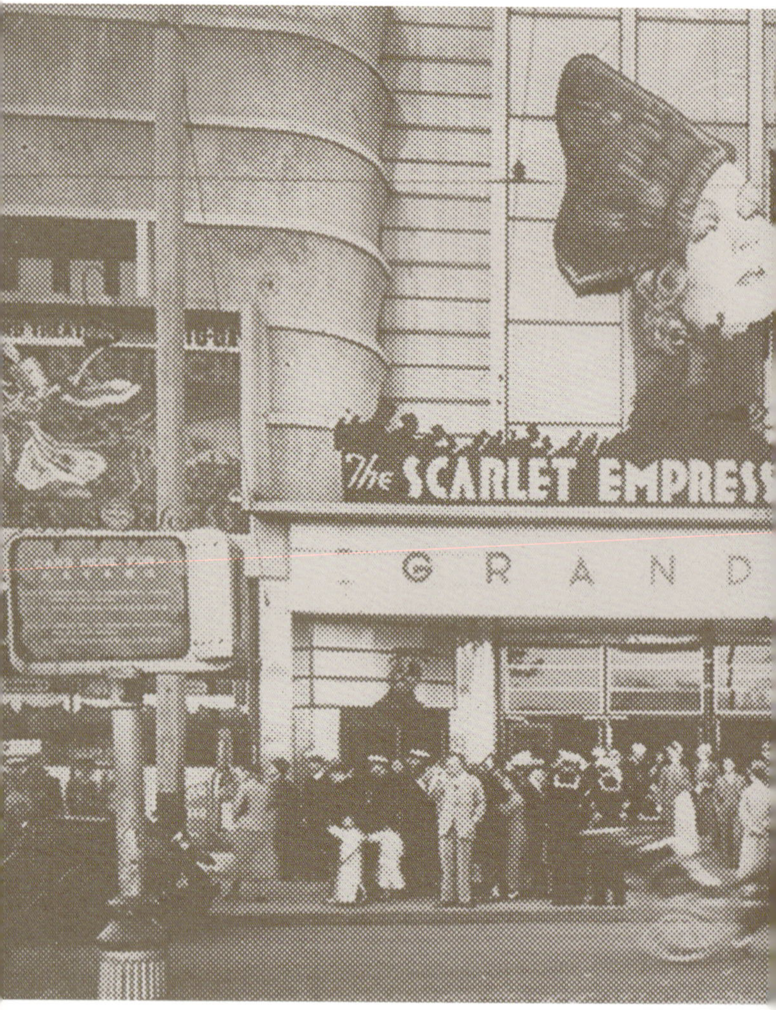
The SCARLET EMPRESS
GRAND

电影之城

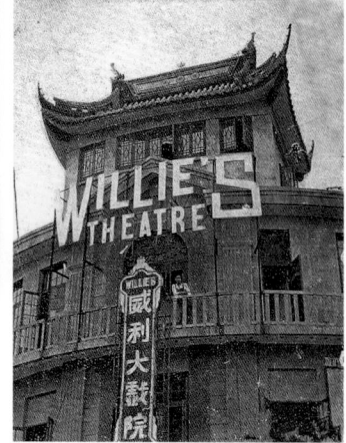

20 世纪的威利、虹口、融光三大影院

上海，一直是导演们偏爱的"电影之城"。据《上海电影志》《虹口区志》记载：1908年，西班牙商人雷玛斯在虹口海宁路与乍浦路口搭建的"虹口大戏院"是上海首家电影院。在那之后，上海电影院如雨后春笋般涌现，仅1928—1932年的五年间，上海就新建了28家电影院。尤其在虹口一代电影院扎堆，20世纪30年代，虹口一带先后建电影院32家，数量占全市三分之一。

到了2024年，上海电影院一共有381家，银幕数2417个。

虹口影戏院金三角

胜利电影院，于1929年开张，名称时有更换，也叫过威利电影院，跟同一条马路上的融光戏院，海宁路对面的虹口大戏院并称为虹口影戏院的金三角。20世纪30年代的《申报》曾经这样形容这一条街上一眼能同时看见三个电影院的景象："海宁路乍浦路街角一派繁忙景象，且威利、虹口和融光三家大戏院同框，真是难得之旧影。"

现如今，融光戏院拆除，虹口大戏院的位置也只有一块虹口区政府立的石碑，上书："虹口大戏院遗址，初名虹口活动影戏园（院）。清光绪三十四年（1908），西班牙商人安·雷玛斯在上海海宁路、乍浦路口租借溜冰场，搭建能容250人的简易铁皮房子，俗称铁房子，始成中国第一家正规影院。同年12月22日首映美国影片《龙巢》，1918年雷玛斯将电影院改建成混合结构的拱形建筑。1919年改名虹口大戏院。1998年因海宁路拓宽被拆除……"

不论虹口大戏院为中国首家电影院这一说法在历史上存有多大争议，它的历史地位是毋庸置疑的。同时，创建它的雷玛斯也被视为上海影院行业的开山人。在电影片源的开拓、固定放映场所的营建和电影院的选址等方面，雷玛斯确实展示出过人的商业才华，虽然他不是最早从事电影放映的商人，但他短时间内成功开设了虹口大戏院、维多利亚影戏院以及夏令配克、万国、卡德、恩派亚6座颇具规模的电影院，其中有3家落户虹口，也确实给虹口区的电影院、电影行业带来了集聚效应。

很多商人看到了雷玛斯在虹口的成功，纷纷扎堆在虹口建电影院。另外作为公共租界北部的虹口地带，紧邻外滩中央商务区、南京路市中心，仅苏州河之隔，地价便宜很多，适合造二三轮电影院。虹口还有大量广东、苏北、浙江等地的移民，相隔不远的闸北、杨树浦等工业区有不少纱厂女工，她

夏令配克影戏院

们都是愿意接受电影这一新型娱乐方式的观众群体，促进了虹口区电影院的蓬勃发展。

"国片之宫"

建于1910年的夏令配克影戏院与建于1933年的金城大戏院都曾拥有过"国片之宫"的美誉，它们在中国电影发展史上又有什么有趣的故事呢？

位于静安寺路（今南京西路742号）的夏令配克影戏院，1914年开业，是雷玛斯电影院王国进军市中心的标杆，同时也是一个豪华的首轮电影院。

影院面积2286平方米，有座位850个，设有包厢。1926年，雷玛斯回国后转租。1929年2月，影院装置了一套发音机，成为上海首家拥有有声放映装置的影院。1934年成为难民收容所。1939年，由外籍设计师冈达设计改建，更名为大华大戏院，成为专映美国米高梅电影公司原版片的首轮影院之一。影片《乱世佳人》在此连映42天，场场爆满，创下当年上海影院卖座的最高纪录。

上海从首家电影院诞生始，电影院就根据电影放映的种类、装修和配套设施分首轮、二、三、四轮电影院。首轮电影院选址多集中在南京路、静安寺路、霞飞路、爱多亚路等租界内或上海的商业中心。欧美电影、苏联电影、国产电影都先在首轮电影院放，票价多为一元，二三四轮影院的票价基本上为六角、四角、二角不等。当代人可能无法理解一元的首轮电影票有多贵，据1937年8月至1942年3月的《申报》记载，同为娱乐活动，当时的一元钱可以在舞厅跳3次舞，还有舞娘陪跳，可见看电影在当时确实属于比较奢侈的娱乐。

上海首轮影片上映时间并不比其他国家晚。首轮外国影片的商务条件都非常苛刻，虽然叫座，但电影院并没有赚钱，因此，电影院一直希望有叫座的国产电影。夏令配克影戏院一直努力在播放国产

《难夫难妻》广告

电影，在中国电影发展史上具有深远影响的早期影片《阎瑞生》《海誓》《红粉骷髅》《张欣生》等都曾先后在该院首映，为夏令配克影戏院获得了"国片之宫"的美誉。

1905年，北京拍摄了京剧名伶谭鑫培主演的纪录片，推开了国产电影拍摄的大门，1913年，由郑正秋、张石川等人自编自导抨击封建婚姻的《难夫难妻》是我国最早的电影短故事片。而1921年开映的《阎瑞生》为中国第一部情节长片（第一部长故事片）。它是一部根据真实事件改编的电影。1920年，上海发生洋行职员阎瑞生图财害命、勒死妓女王莲英的新闻，引起轰动。部分洋行职员委托商务印书馆活动影戏部据此拍摄一部长片。电影大胆启用了阎瑞生原洋行同事陈寿芝饰演阎瑞生，妓女从良的王彩云饰演王莲英。这样的噱头加上故事本身的轰动效果，使电影在夏令配克影戏院首映大获成功。因为《阎瑞生》的卖座，后面才陆续有了揭露十里洋场罪恶社会的《红粉骷髅》，宣扬爱情至上的《海誓》，均在夏令配克影戏院首映，都非常成功，不仅为国产故事影片奠定了基础，也培养了大量电影人才。1937年"八一三"事变爆发后，夏令配克影戏院一度作为难民收容所，援助来上海的难民。1939年，它被重新大修并改名为大华电影院。1951年4月1日，大华电影院由市文化局接管，改名为新华电影院，继续在电影行业中发挥重要作用。

1934年2月1日开业的（位于今黄浦区北京东路780号）金城大戏院，是一家以放映国产影片为主的大戏院。国产影片当时发展已非常成熟，明星、国华等影业公司的影片均在此首映。如在此首映的影片《风云儿女》，由田汉、聂耳作词作曲的主题歌《义勇军进行曲》在此唱响。

1934年是中国有声电影和无声电影交替的时间节点，金城大戏院既首映了默片女王阮玲玉的电影《人生》，也放映了中国第一部有声影片《桃李劫》，都盛况空前。在莫斯科电影节获奖的《渔光曲》，在金城大戏院连映了84天，创下票房奇迹。作为中国第一部在国际电影节获奖的电影，导演蔡楚生

金城大戏院

原本想把它拍成有声电影,但经费有限,没有采购录音设备,只好在片尾"配音歌唱"。主题曲为百代公司音乐部主任任光作曲。没想到联华公司提前将主题曲灌唱片发行,等《渔光曲》电影放映的时候,大街小巷已经四处回荡着《渔光曲》了,很好地为影片做了一次"先声夺人"的宣传。

黄浦剧场今貌（黄浦剧场 提供）

    金城大戏院现名黄浦剧场。1957年，金城大戏院作为上海市人民淮剧团（今上海淮剧团）专用戏院，1958年春节前，周总理在沪视察，询问淮剧在上海的演出情况。剧团领导提出将"金城大戏院"改名为"淮光剧场"，总理说金城坐落在黄浦区，定名为黄浦剧场为好，并欣然挥毫，当场书写了"黄浦剧场"四个大字。1958年春节，金城大戏院门口正式挂上了按周总理手迹制作的"黄浦剧场"霓虹灯招牌。1974年因舞台狭小，无改建条件，遂停止戏剧演出，专映电影。在1980年代，黄浦剧场发扬放映优秀国产影片的传统，成为一代上海人的记忆。

    1999年黄浦剧场被命名为青少年爱国主义教育基地。2008年5月10日，黄浦剧场列入上海市第四批近代优秀保护建筑名单。黄浦剧场修缮扩建了"国歌由此唱出"爱国主义教育基地展馆。2009年,黄浦剧场被正式命名为"上海市爱国主义教育基地"。

"远东第一"的大光明电影院

大光明有老、新之分。1928年7月,潮州商人高永清与美国投资商合作,以每月6000两银元的价格租下原静安寺路50号约2600平方米土地,耗资20万两银元,将停业不久的卡尔登舞厅改建成一座电影院,设座1400余席,取名为大光明大戏院,俗称"老大光明"。1928年12月23日,京剧名伶梅兰芳亲手为大光明大戏院的开张剪彩揭幕,形成了一段"梅开光明"的佳话。1929年9月3日开始放映有声影片,首映华纳公司的电影《可歌可泣》。1930年2月,放映美国派拉蒙影片《不怕死》,因电影有辱华内容引起抗议,老大光明失去许多观众,业务大受影响,1931年歇业。

1932年,英籍华人卢根合资组成联合电影公司,收购停业的"老大光明"戏院,并出资110万元,将旧戏院拆除重建。"新大光明"占地面积4016平方米,由匈牙利著名建筑师邬达克设计,电影院前

1930年的大光明电影院

门在静安寺路,后门直达白克路(今凤阳路),旁门通过弄堂可至派克路(今黄河路)。大门向西连通5家商店二楼以上部分,绵延70米,采用钢筋混凝土结构,全部贴黄色釉面砖,形成以粗细横直线条为基调的西方现代立体式建筑,嵌以大面积玻璃窗,大门上方标志性方形玻璃灯塔,高达16米,塔内安装三座大型500瓦反射灯,入夜后灯火通明,遥在数里外一望能见。新大光明电影院是当时我国西式建筑转向现代主义风格的标志。

电影院的内部装潢也非常豪华,设施齐全,休息厅两侧楼梯各宽2.5米。各处通道和休息厅内均铺羊毛地毯。厅内顶部装有槽灯6000只,有全套冷暖气设备。有声电影放映机是RCA最新实音式,音色极佳。当时电影院票房和领位员起码要初中毕业,英文也要有一定水平。大光明甚至雇佣了不少白俄姑娘。1933年6月14日,新大光明电影院开业,放映美国米高梅公司影片《热血雄心》,之后专映美国八大公司影片,为当时全国最大的电影院。观众厅平面呈钟形布置,上、下二层共1961个座位。巨大的投资和著名建筑师邬达克的精心设计,让大光明大戏院赢得了"远东第一影院"的美誉。

大光明为提高服务质量,1939年引进"译意风"——同步翻译听筒,成为上海第一家使用同步翻译的影院，吸引了不少不懂英文而又想看西片的观众。甚至在当时还产生了一个新职业——"译意风小姐"。第一代好莱坞华裔女星卢燕回忆她求学期间曾经在大光明做"译意风小姐"。这样的服务，不仅扩大了观众群体，还巩固了影院的品牌地位。

20世纪八九十年代，大光明电影院分别经历两次大修，可惜的是，很多原物在大修中被拆除。2008年初，大光明文化集团决定出资对大光明电影院进行整体大修和修复，期望能将电影院的进厅、休息厅和观众厅恢复出1933年邬达克设计的建筑效果。之后历时整整一年，整体修复总投资约1.2亿元，对南京西路216号的进厅、一层和二层老休息厅、观众大厅及附属通道，进行了全面修复。进厅和休息厅为恢复原来金碧辉煌的整体效果，以24K金箔满贴进厅和两层休息厅的整个穹顶；下部墙面，则恢复洞石的浅雅风格；首层地面按照历史照片复原，铺设采用现代工艺人造水磨石，中央镶嵌1mm宽的黄、黑两色镶拼铜条；进厅和休息厅内的不锈钢扶手更换为铜质花饰扶手；休息厅内的玻璃灯片采用德国进口光学瓷白玻璃片，确保光线传递的均匀度达到原来的效果。2009年1月20日，工程竣工，大光明恢复了风帆形外立面、荷花形屋顶、圆弧曲线形大厅和高挑进厅的原貌，重现了独

大光明电影院内景

具特色的上海老电影院的历史风貌。

  大光明电影院作为上海最有知名度的电影院之一，既是广大群众文化娱乐的场所，也是开展国际文化交流的重要窗口。中华人民共和国成立后，这里曾举办过无数次的中、外电影周，电影回顾展；许多精彩影片的首映式、观众见面会都选择在大光明电影院举行。大光明成为中外影片首发的一块宝地。

  1993年，首届上海国际电影节就是在大光明电影院完美地落下了帷幕。

  随着时代的发展，去电影院看电影这样的娱乐

大光明电影院今貌（大光明电影院 提供）

形式也发生了一些变化。面对新语境、新形势，传统电影院该如何求新求变呢？不论是新的上海影城，还是国泰、大光明、和平等老牌电影院，都在努力培育自己的气质，固定自己的选片品种和模式，打造各自电影院的专属 IP。比如新光影院做悬疑剧场，胜利电影院一楼放映电影，二楼承接各种商业文化类活动。1991 年建成的上海影城不仅是影迷心中的观影圣地，还会举行各种大型文化活动，是历届上海国际电影节的主会场，同时配套了电影制作间、影片资料库等专业用房。总之，上海的电影院正找准自己的定位，持续发力，续写自己的故事。

海上名人与电影

2023年,鲁迅纪念馆做了一个关于"鲁迅居上海十年的吃喝住行"的主题展览,特意介绍了鲁迅在上海大戏院等影院看了哪些电影。也有研究人士翻阅鲁迅日记,统计出鲁迅在上海看了150多次、140多部电影,去过20多家电影院。1936年3月18日,鲁迅在致欧阳山、草明的信中写道:"我的娱乐只有看电影。"从许广平和周海婴的回忆录中,我们也能看到鲁迅主要的娱乐活动就是看电影。

如今,很多上海的电影院在介绍自己历史的时候,总喜欢提到鲁迅曾来过多少次。如鲁迅至少6次光顾过大光明电影院,先后去看了《黑屋》《倾国倾城》《战地英雄》《铁汉》《陈查礼之秘密》,在周海婴生日又看了《十字军英雄记》等。位于今四川北路1408号的上海大戏院,是鲁迅在上海时期观影最多的一个影院,除了离家近外,主要原因是鲁迅比较爱看苏联电影,刚好上海大戏院就是播放苏联电影的首轮影院。据《虹口文化志》记载,鲁迅在上海大戏院看苏联电影《傀儡》《夏伯阳》等24部,26场次。

虽然,鲁迅在上海换过3次居所,但是从景云里、拉摩斯公寓到大陆新村（现在的鲁迅故居纪念馆），都位于虹口区。看电影一般都是选择离家近的电影院，所以上海大戏院、国民大戏院、虹口大戏院等虹口的电影院出现在鲁迅日记的频率相对高一些。

鲁迅看电影一般不挑戏院，比较看重影片的内容。所以，穿过苏州河，离家稍远，市中心的首轮电影院——卡尔登影戏院、大光明电影院、国泰电影院……鲁迅也时常光顾。

我们翻开1932年10月、11月份的鲁迅日记，就会发现鲁迅看电影的足迹很广，各类题材都涉及：

10月18日　夜邀蕴如及三弟并同广平至上海大戏院观电影

10月20日　夜同广平往奥迪安大戏院观《故宫妖风》电影

10月30日　夜邀蕴如及三弟并同广平至上海大戏院观《地狱天使》电影

11月13日　蕴如来，并同广平往国民大戏院观《银谷飞仙》电影，不佳，即退出。至虹口大戏院观《人间天堂》，亦不佳。

11月15日　夜同广平往明珠大戏院观电影《三剑客》

20世纪二三十年代位于北四川路的上海大戏院

11月21日　下午邀蕴如及三弟并同广平新光戏院观电影《禽兽世界》

11月23日　夜同广平往威利大戏院观电影《陈查理》

从鲁迅日记里,我们会看到他对电影的评价很直接,"佳、不佳、甚佳……"遇到特别喜欢的电影还会多刷两遍,并写书信推荐友人去看。在给黎烈文信中,鲁迅说:"午后至上海大戏院观《复仇艳遇》(Dubrovsky by Pushkin)以为甚佳,不可不看也。"同一夜又致信黄源:"今日往上海大戏院观普式庚之 Dubrovsky(华名《复仇艳遇》,闻系检查官所改),觉得很好,快去看一看罢。"在鲁迅当天的日记里,他是这样记录的:"1936 年 10 月 10 日,午后同广平携海婴并邀玛理往上海大戏院观《Dubrovsky》,甚佳。"十天后,鲁迅去世,这部根据普希金小说《杜勃洛夫斯基》改编的苏联电影,成为他看的最后一部电影。

除了鲁迅先生,说到沪上名人与电影的不解之缘,有两个人是绕不开的。他们虽性别不同,但都是有作品搬上大荧幕的作家、编剧。上海这座电影之城因为他们而增色。

乌鲁木齐南路 178 号,门口有一大片绿色草坪映衬着一座建于 1932 年的三层砖木结构英式花园洋房,这是被列为上海市优秀历史建筑的夏衍旧居。这里基本保留了夏衍在上海工作、生活的足迹。夏衍被国务院授予"国家有杰出贡献的电影艺术家"称号,以他命名的"夏衍杯"优秀电影剧本奖是中国电影文学的最高奖。在国际上,日本著名电影导演佐藤忠男曾把夏衍称为"中国现代电影之父"。

电影《风云儿女》海报

1929年，夏衍同鲁迅一起筹建中国左翼作家联盟，而后发起组织中国左翼戏剧家联盟。写作之初，夏衍就将目光投向了电影这一新兴媒体，并决心利用好这一宣传工具。而作为中国电影的发祥地——上海无疑具备了天时地利人和等各方优势。夏衍首次任编剧的电影《狂流》，1933年3月5日在上海中央大戏院首映，电影一经上映就在上海引起轰动，并被认为是中国左翼电影的开山之作。他加入进步电影公司明星影片公司，担任编剧顾问后，创作了《风云儿女》《十字街头》等一系列脍炙人口的电影剧本。另外，夏衍还开创了将名著改编为电影的先河——成功将茅盾的《春蚕》搬上银幕，获得观众、文艺界包括鲁迅先生的赞扬。

中华人民共和国成立后,夏衍被任命为上海市文化局局长,主管文化艺术工作。在这个岗位上他不仅推动了上海电影制片厂的成立,也保护了被文坛排挤的张爱玲等作家,同时还提携了导演谢晋和作家王蒙等。他是当之无愧的国家级电影艺术家。

同样曾经居住在上海的张爱玲也喜欢看电影,电影院也是她笔下恋情发展的场所。《十八春》里写到上海的好处:"一是买东西,一是看电影。"《花凋》中写女主人公出门想买药寻死,没买成,最后"茫然坐着黄包车兜了个圈子,在西菜馆吃了顿饭,在电影院里坐了两个钟头"……她编剧的电影剧本《不了情》后来改成小说《多少恨》里又这样形容电影院:"现代的电影院本是最廉价的王宫,全部是玻璃、丝绒,仿云石的伟大结构,这一家,一进门地下是乳黄的;这地方整个的像一支黄色玻璃杯放大了千万倍,特别有那样一种光闪闪的幻丽洁净。电影已开映多时,穿堂里空荡荡的,冷落了下来,便成了宫怨的场面,遥遥听见别殿的箫鼓。"

她喜欢影星阮玲玉、谈瑛、陈燕燕,那时候她肯定没想到,电影编剧会成为她谋生的手段之一。1946年,已在文坛大放异彩的张爱玲与胡兰成仅两年的婚姻进入倒计时,她认识了导演桑弧,隔年受

电影公司片场

邀创作了电影剧本《不了情》和《太太万岁》。《不了情》于1947年4月在沪光大戏院和卡尔登戏院同时上映。《太太万岁》于1947年11月13日在上海国际大戏院首映。两部影片都票房甚佳,《太太万岁》后来更被评为中国电影史百部佳片之一。

1952年,张爱玲离开上海去了香港,至1955年秋又赴美,隔年8月与美国剧作家赖雅结婚,两人共同生活到1967年赖雅离世。张爱玲在港期间除了做翻译工作外,也为电懋公司创作电影。1957—1964年,她一共写下了10部剧本,其中《红楼梦》和《魂归离恨天》两部没有拍摄,《人财两得》

《桃花运》《一曲难忘》三部拷贝遗失，现存剧本。目前尚能看到的有《情场如战场》《六月新娘》《南北一家亲》《南北喜相逢》《小儿女》。虽然张爱玲所作剧本不少，但是名气不大。反而是不同时期的导演改编她的小说拍摄的电影热度很高，比如《倾城之恋》《色戒》《半生缘》《红玫瑰与白玫瑰》等，由她生平经历改编而成的电影《滚滚红尘》也是一代人的电影记忆。

上海市地方志办公室 张玉叶

> 延伸阅读

上海国际电影节

20世纪80年代,改革开放的春风吹遍大江南北,上海电影界的对外交流也日趋频繁。张骏祥、徐桑楚、谢晋、白杨、秦怡和吴贻弓等老一辈的电影艺术家都意识到,要让中国了解世界,让世界了解中国,了解中国电影,举办国际性、地区间的电影交流活动,势在必行。20世纪80年代末,上海先后举办过上海国际动画电影节、国际科教电影节等。

1985年12月2日,著名导演谢晋在上海市职工影视协会虹口区分会(筹)举办的电影报告会上呼吁,应加强中外各国间的电影交流,尽快举办上海国际电影节。1993年,时任上海市电影局局长的吴贻弓提出:"我们要有自己的国际电影节,这是几代中国电影人的梦。"同时他也身体力行,担任首届上海国际电影节办公室主任,全程参与组织和筹备工作。

1993年10月7—14日,寄托着中国电影人多年梦想的第一届上海国际电影节隆重举行。主会场设在1991年12月落成启用的上海影城。这也是中国电影史上第一次大规模的国际电影节。有来自世界各地30余个国家或地区的167部影片报名,经选片委员会评选,确定19部影片参赛,其余影片参加会外放映。

次年，上海国际电影节被国际电影制片人协会认定为国际Ａ类电影节。这个由上海市人民政府主办，上海国际电影节组织委员会承办的重要电影节经国际电影制片人协会批准，设立评委会进行"金爵奖"影片评选，是世界9大非专门类竞赛型（Ａ类）国际电影节之一，非常具有国际竞争力、认可度和影响力。电影节期间，观众不出国门就可以看到世界各国不同流派和风格的最新电影作品，这对开阔眼界，促进创作，推动上海电影业的加速发展具有重要意义。

上海国际电影节前面五届是两年一次，时间为10月举行，从2004年的第七届开始，调整为每年的6月举办。至今已经举办过26届。

2024年6月15日，第26届上海国际电影节开幕式在上海大剧院举行。这届的主题为"电影之城"，海报中清晰可见上海的几栋老电影院的形象。

三十一载春华秋实，上海国际电影节从首届参展参赛的33个国家与地区，167部影片，到第26届电影节的105个国家和地区，超过3700部电影报名参赛或参展，其中报名参赛的2224部作品中，世界首映的1375部，首映数量持续增长。上海国际电影节这个上海文化品牌的国际影响力

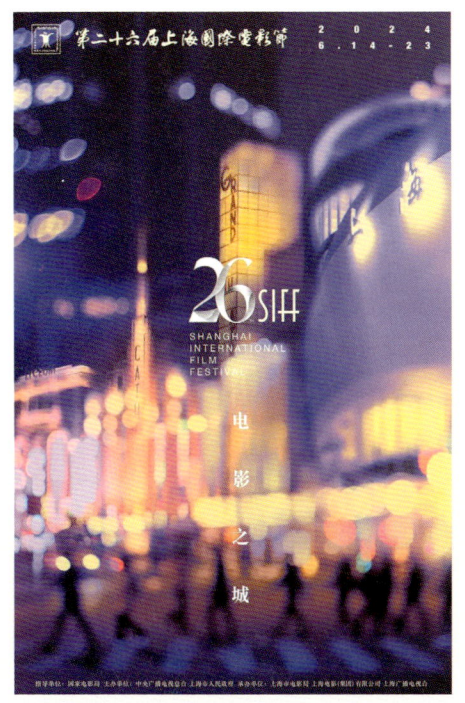

第 26 届上海国际电影节海报

与日俱增,她正以坚定的文化自信和更加开放包容的姿态迎接世界。上海国际电影节已成为中国不断深化改革开放的新象征,扩大中外电影创作交流的新平台,上海国际化大都市建设的新名片,广大观众共享海内外优秀电影文化的新节日。

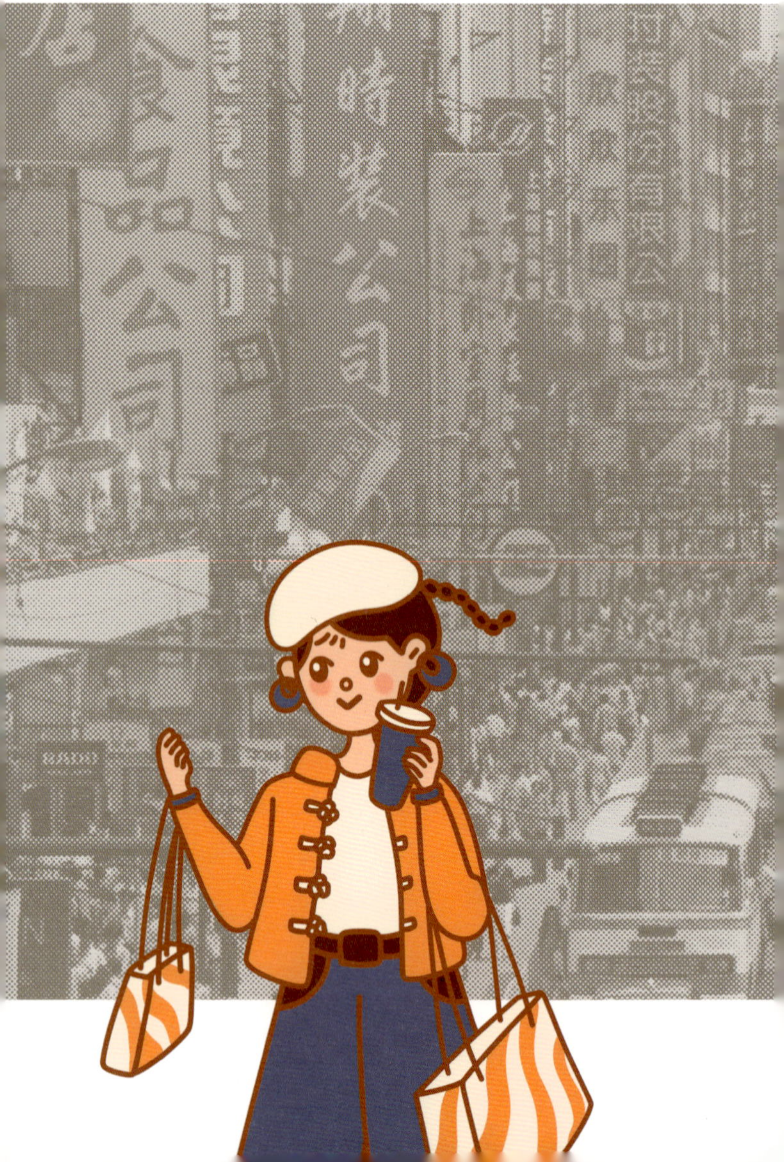

申城

"剁手"指南

20世纪30年代,先施、永安、新新、大新四大百货公司汇聚在南京路上

1930年3月10日,《申报》第11版上刊载了一个颇有意思的段子:

一位吝啬的丈夫(走进一家新装店去):对不起,你们能帮我一下子忙么?

新装店伙计:什么事,你尽管说。

吝啬的丈夫:请你们把沿街橱窗中那身时髦的衣服暂时收去。

新装店伙计:为什么啊?

吝啬的丈夫:因为停一会我要同内人经过这里。

艺术来源于生活,这一幽默段子的灵感或许就来自作者的经历。由此,我们可以大胆推测:差不多一百年前,上海滩的商店就开始威胁男同胞们的皮夹子了!有学者认为,近代上海消费文化的特征概括来讲就是:在众多因素的合力下,城市已形成消费社会的雏形,体现出消费文化的典型特征,逐渐改变了传统中国社会勤俭节约、注重实用、保守理性的消费模式。人们消费目的已不仅仅是为了满足衣食住行等基本生存需求,而是为了不断满足被消费文化刺激起来的欲望。一百多年来,在线购物兴盛之前,满足消费需求的主要就是那大大小小的百货商店。

南京路上的璀璨

根据《上海日用工业品商业志》记载，上海百货商业起源于19世纪前期的杂货铺，经营手工生产的棉纱线、板刷、草纸、香烛、灯油、灯芯、旱烟、扇子、日用小五金制品，以及油盐酱醋、零星食品等，户多面广，还有走街串巷、赶集设摊的货郎担。随着城厢居民增多，市场需求扩大，一部分杂货铺转向经营苏州、杭州和北京生产的绣品、挂件、玩具、靴鞋以及雕翎、朝珠、顶戴等高档生活用品，称为京货店。

1843年上海开埠，以其位于长江入海口及中国大陆海岸线中段且腹地广阔等天然优势，商业迅速崛起，商贾云集，百货荟萃。到20世纪30年代，上海已然成为远东地区当仁不让、当之无愧的贸易中心和物资集散地，被誉为"江海之通津，东南之都会"。

1949年以前，上海的南京路（今天的南京东路），就引领了近代中国商业的潮流，亦是现代时尚的源头。这条霓虹闪烁的道路，见证了近代上海的成长和变迁，它的历史就是上海商业发展的"活化石"。其中，坐落在南京路上的永安、先施、新新、大新、国货和丽华等百货公司，统称为大百货公司，在我国民族资本商业中，具有重要的地位和影响。先施公司、永安公

20世纪30年代的南京路夜景，永安、先施、新新百货公司灯火辉煌

司、新新公司、大新公司被称为南京路上"四大公司"，皆为大型的、综合性的百货商厦，商场设施新颖，经营管理先进，成为上海百货零售商业的支柱。

先施公司是四大百货公司中最早成立的。1917年10月20日，华侨马应彪在南京（东）路浙江（中）路口租地20亩，先后3次募集股金200万元，率先开办出一家大型环球百货公司。"先施"之名，取自四书《中庸》篇"先施以诚"，而英文名Sincere不仅与先施谐音，亦有"诚"意。1917年，南京路上第一家中国人筹设的公司先施公司在鼓乐鞭炮声中开张。公司从铺面到4楼商场，摆开23个大类商品部。另设先施乐园，融吃、穿、用、娱乐于一体。先施公司倡导货品"不二价"（明码标价）、购物开给收据、女性当售货员、员工星期天轮流休

20世纪30年代的先施百货

息等制度，店内设有升降机（电梯），屋顶天台开辟乐园游艺场，以崭新的形象开创了中国百货业的新时代。商场最初建有五层营业大楼，1924年起增高至七层。经营品种有五金、烟草、罐头、茶食、南货、文具、洋杂货、绸缎、匹头、中西药、女装、西服、皮货、玩具、首饰、钟表、光学仪器、电器、漆器、乐器、家具等。

永安公司在四大百货公司中规模最大、经营最好、名气最响，由郭乐、郭泉兄弟联合华侨集资创办。郭氏兄弟原在悉尼开办永安果栏，发家致富后决定投资百货业。1916年，郭氏兄弟以每年五万两白银高额租金从哈同手里租得南京路浙江路口8亩5分1厘8毫地皮，建造一幢英式6层巍峨的永安大厦，同马路对面的先施公司相对,铺面商场全部马赛克地坪,楼上均铺打蜡地板,营业面积达1万余平方米。1918年9月5日,永安公司开张,声势、气派比之先施更为显赫。开张之初,平均日营业额高达一万几千元港币。1932年,永安公司又买下紧靠浙江路晚清建造的新新舞台,新建一幢19层流线型永安新厦,在第四层楼凌空架起两座封闭式天桥,与西边永安公司连接,东西两处人员可以从"空中通道"来往。7楼设有七重天酒楼以及天韵楼游乐场,经营规模超出先施公司。1950年,上海永安公司改向上海市人民政府注册为私营企业。因营业状况不佳,附设的大东舞厅、大东酒楼、七重天餐室先后歇业。1956年1月,上海永安公司(包括大东旅社、永安影院、天韵戏院、永安剧场)正式参加公私合营,定名为"公私合营永安公司",接受中国百货公司上海市公司的领导和管理。

新新公司在四大百货公司中规模最小。1926年1月23日,新新公司正式开业。该公司由华侨李敏周联合上海先施公司前司理刘锡基等人发起创办。"新新"之名,取自《礼记·大学》"苟日新,日日新,又日新"句。公司地址在南京(东)路贵州路口东首,与先施公司仅东西相隔一条马路(广西北路),而与永安公司一样,亦系租赁地产大亨哈同

1928年的新新公司

的地皮，自建七层营业大楼，楼顶后来亦加建一座塔楼。新新公司除了首创在夏季开放冷气以及采取"猜谜得奖"等新奇的经营方式以外，还有一个独特之举，就是在公司6楼设有自行设计、自行装备的上海第一个由中国人创办的私营广播电台。电台的房子四周全用玻璃装饰，玲珑剔透，俗称"玻璃电台"，后改称"凯旋电台"。1927年3月19日正式开播，大做广告，招徕顾客，促进销售。1951年

12月，新新公司结束百货部门，将铺面房屋租给中国土产公司上海市公司。至1954年，新新公司大楼大部分楼面转租给中国食品公司上海市公司（铺面商场开办食品公司第一门市部，后改称上海市第一食品商店）。1956年1月，新新公司参加公私合营，除新都剧场改由市文化局管理外，剩余资产由新成立的新新公司总管理处（归口于上海市饮食公司）管理。

大新公司由蔡兴、蔡昌兄弟发起创办，取名"大新"，寓意"大展新猷"，取英文名"The Sun"寓意"旭日初升"，并以出云旭日为商标。1936年1月10日，上海大新公司正式开业，在四大百货公司中虽然成立最晚，但却是营业面积最大、设施最新的。该公司位于南京（东）路西藏（中）路劳合路（今六合路）之间，购地自建十层营业大楼（连地下室、屋顶在内，一层临街部分之上还有假二层），以建筑优美、设施完备、商场宽敞、布局精心而著称。外墙采用乳黄色彩面瓷砖，底层外部砌以黑色花岗石，雄伟庄重、气派大方。设计师装潢构思奇妙，沿西藏路、南京路、六合路建造三面环形的18扇大橱窗，吸引一批批过往行人驻足而观，击节赞叹。公司将商场营业空间扩展至地下室，楼内各层面都装有冷暖气管，一层至二层、二层至三层各装有电力自动扶梯一台，这些都堪称创新之举。自动扶梯每分钟行速约27米，每小时可供4000人上下，使顾客购物可免上下楼梯步行之劳。大新当时首创自动扶梯进商场，不仅以前上海从未有过，即使在整个远东也属首家。然而上海大新公司开业后不久就遭遇抗战爆发，虽然在战时和战后营业曾有短暂起色，但经营状况还是每况愈下。至1953年9月，上海大新公司结束百货商场业务，并将商场房屋出租给中国百货公司上海市公司开设上海市第一百货商店。1956年，大新公司参加公私合营。

从一到十二的"号码百货"

1949年后，上海市的百货商店，从市百一店到市百十二店，都用数字命名。12家老牌的百货商店，被一些上海市民亲切地称为"号码百货"。这些"号码百货"所处位置大多是市口最好、居住区最集中的地方，为上海的商业繁荣做出了很大的贡献。随着消费需求的不断变化，百货零售商业也不断更新迭代，"号码百货"店也经历了阵痛。在这个过程中，一部分完成历史使命，还有一些则通过合资、改造、转型等继续发挥着综合商业体的作用。

根据《上海市志·商业分志·日用消费品商业

南京路步行街夜景

卷》《上海市级专志·百联集团有限公司志》记载：1949年5月上海解放。平抑物价、稳定市场，1949年10月20日上海第一家国营百货商店——公营上海市日用品公司门市部开业。1952年，公营上海市日用品公司门市部正式定名为国营上海市第一百货商店。这也是上海百货号码店的起源。计划经济时期，第一百货商店为平抑物价、保障供给做出积极贡献。1985年起，第一百货曾连续14年雄踞全国百货商店年销售额第一，是全国购物的首选之地。花色品种3万余种，商品从万元一只的手表到几角钱一支的圆珠笔品类齐全。每年接待顾客1亿人次，被称为是世界上接待顾客最多的商店。1953年，商

20 世纪 80 年代初，市百一店及黄浦百货商店（今新世界百货）

店迁至南京东路 830 号（即现址）。1951—1957 年间，上海市百货公司在当时的主要商业街和居民区集中地区商业中心，还相继开设了 7 家综合性的"号码商店"（即第二至第八百货商店），这 8 家号码百货店在全市消费品市场发挥着保障供应、稳定市场的主导作用。1966—1969 年，又有两家百货商店更名，号码百货店增加了新成员。百乐商场 1966 年更名为上海市第九百货商店；另一家是于 1918 年 9 月 5 日开业的永安公司，1969 年改名国营上海市第十百货商店。1988 年，上海市百货公司徐汇商场（创

上海六百（徐汇区地方志办公室 提供）

办于 1977 年，漕溪北路）、长风百货商场（创办于 1985 年，金沙江路）分别更名为市第十一百货商店、市第十二百货商店。至此，号码百货商店从第 1 编到第 12，序号的编排画上了句号。

1989 年，根据市、区商业分权明责改革要求，百货商店中除了市百一店、华联商厦外，其他百货商店"号码商店"全部下放各区县管理。2003 年，随着零售商业加快对外开放进程，受体制、机制、规模的局限，12 家号码百货店中有 7 家淡出市场，仅存一百、华联商厦（市百十店）、二百永新、六百、九百5家。2006年，二百永新悄悄停业，原址成为优衣库旗舰店。2010年，继续作为百货业态存续的号码百货店实际上就只有第一百货、华联商厦和六百，大部分的号码百货店完成了历史使命。其中，第一百货和华联商厦在百联集团成员企业百联股份旗下，而且一直是行业领头羊，这两家百货商店在上海商业变迁中，传承历史，守正创新。2024年2月19日，上海六百宣布暂停营业；5月，原建筑已完全拆除。至此，"号码百货"只剩"第一百货"和"第十百货"。

传统与现代的交融与共生

从1978年起，上海百货业经历了改革起步、调整改造；转换机制、加速发展；调整结构、转型提升三个发展阶段，基本实现了向现代百货业的转型。

1979—1990年是上海百货零售业改革起步、调整改造阶段。百货零售业发展重点，一方面是充实、改造、扩建网点，主要对市区商业中心进行房屋大修、装修门面，同时在新建住宅区增加百货商店布点，方便居民就近消费，保障市场供应，满足人民群众基本生活需要；另一方面是探索改革，扩大企业的自主权。百货零售企业自行采购权限扩大以后，扩大商品货源,发挥专营特色,增加货币回笼。这个时期,商业机制体制改革的重大事件,就是1988年7月18日,全国第一家商业企业上市,即在豫园商场基础上组建的上海豫园商场股份有限公司挂牌上市,它成为全国第一家商业上市公司,标志着商业股份制改革取得重大突破。

1991—1999年,中国的零售业对外开放和实施商业股份制改革。上海百货零售业步入转换机制、加速发展的阶段。1991年上海市政府提出"振兴上海,开发浦东,面向世界,服务全国"的经济发展战略,并把振兴上海商业作为工作重点之一。10月8日,市政府签发报国务院《上海市人民政府关于我市与日本八佰伴公司在浦东新区兴办合资零售企业有关政策的请示》。1992年5月15日,国务院正式批复上海市人民政府,同意兴办中日合资上海第一八佰伴有限公司。标志着中国零售领域对外开放开启破冰之旅。1995年12月20日,第一八佰伴新世纪商厦开业,成为上海商业新地标。第一八佰伴成功开业,突破了外资不能进入中国零售业、零售商业税收政策优惠、内贸不许从事外贸的3个禁区,对零售业对外开放具有重要意义。

1993—1994年,商业股份制改革又有新进展,先后有以百货商店为主营业务的6家商业企业上市。

同一时期,一批沪港合资、沪台合作以及中外合资的百货公司在上海开业。至1994年底,31家"洋百货"落户申城,百货商店成为率先引进海外资本、引入海外先进的管理经验和全新的服务理念的业态,推动了上海商业与国际市场接轨。90年代后期,由于中心商业区大型百货商厦过于集中,出现阶段性、结构性、地域性相对饱和,大型百货商厦建设降温,控制外资百货引进,商业主管部门提出连锁经营向百货等行业拓展渗透。此时,处于发展期的连锁超市快速布点,经营模式领先于传统百货业,百货零售业经营结构、经营方式和组织化程度等方面的矛盾和问题越来越突出,大部分规模小、资金少、历史包袱重、软硬件设施差的中小企业陷入困境。

2000—2010年,是上海百货零售商业转型提升、构筑现代百货框架的阶段。经过调整、改革、开放,传统百货业已趋淘汰,百货业开始向连锁百货、主题百货、社区百货方向转型发展。第一百货、华联商厦、太平洋百货等大型百货零售企业确立了现代都市百货地位,在一些商圈,开设连锁门店。一批中型百货商店,把"社区百货"作为经营定位,拓展生存空间。2003年4月,百联集团成立后,对百货业务进行重新定位和布局,逐步通过连锁经营模式实施百货业务转型。2004年12月11日,按照中

1992年5月15日，国务院批复上海市政府，同意中日合资成立上海第一八佰伴有限公司，这是经国务院批准的中国第一家中外合资零售企业，标志着中国零售商业领域对外开放开启破冰之旅

国加入WTO的承诺，全面开放零售市场，取消对外资企业在地域、股权和数量等方面的限制，推动百货业进入第三轮扩张期，内外资百货零售商业进一步细分市场，错位竞争，行业结构更趋合理，服务环境进一步优化，进一步向时尚、流行、精致发展。同时，随着交通等城市基础设施建设和城市化进程加速，百货零售业在新兴市级商业中心、社区商业中心、郊区新城商业中心快速发展。

2010年之后，面对年轻消费群体和迥异从前的消费习惯，上海百货业遭受前所未有的挑战和压力，生存空间被电商和其他新兴业态挤压。其实，线下百货零售业，仍具有独特的优势，即沉浸式氛围中更优质的服务和更好的体验。上海的百货业也在转型中找到适合自己的发展路径，延续着辉煌。

以第一百货为例，据《上海商业暨百联的红色记忆》介绍：一直到20世纪末，有两个"凡尔赛难题"让第一百货商店的老总颇为头痛，一个是商店的客流量居高不下，平日约15万人次，周末约20万人次，超大客流带来极大的安全责任；另一个是商店的装修改造不能影响日常营业，曾经历过的数次大规模装修改造，像1984年、2008年的两次，采取的都是边装修边营业的方式，给大家的感觉是：第一百货商店天天营业，从不关门。曾有老领导说过：哪天第一百货商店客流减少了，可以关了门装修，那就好了！直到2017年6月19日，商店迎来了建店以来首次整体闭店装修改造。2018年11月13日，第一百货商业中心开业，第一百货商店在此轮改造中脱胎换骨，形成原第一百货老楼的A馆、新楼的B馆、原东楼的C馆三馆合一的第一百货商业中心新格局，经营面积扩大至10万平方米，彻底改变了过去单一的百货商店经营模式，转型升级成为全时段、全功能、全客群、全品类的大型现代购物中心，注入了更多年轻化、时尚化因素，包括家庭购物馆、

第一百货商业中心

餐饮及体验馆、年轻族群乐活馆等,以"现代城市生活者"为核心,在功能定位、品牌能级、文化展现、环境优化等方面都进行了变革与创新,完成了一次国有老字号百货零售企业的重大转变、华丽转身。

  百货商店作为一个在上海拥有100多年历史的业态,经历改革开放以来多年的转型、调整、升级,基本完成向现代百货的升华。目前,上海百货零售业市场格局进一步清晰。随着购物中心、奥特莱斯、各种品牌专卖店以及日用消费品电子商务等新业态、新经营方式的加快发展,百货零售业融合创新的道路任重道远。未来已来,未来可期。

上海市地方志办公室 赵明明

> 延伸阅读

百货的红色记忆

1949年3月的一个晚上，新新公司地下党支部召开支委会，传达上级控制"凯旋电台"并学会使用电台的命令，准备在迎接上海解放时发挥作用。据当时担任新新公司人民保安队大队长的豫园街道退休老干部杨俊回忆："5月24日的夜里，城市上空已经能听到隆隆的炮声。第二天凌晨，解放军进入了南京路。隐蔽在外的支部组织委员张啸峰匆匆赶来，他打开一个小纸包，取出了一叠印着'人民保安队'字样的红字白底布制臂章，又从贴身口袋里拿出了一张又小又薄的打字纸，上面写着密密麻麻的小字。我打开一看，原来是毛主席、朱总司令签署的《中国人民解放军布告》和欢迎解放军的歌词《我们的队伍来了》。我们的任务，就是赶紧将上海解放的喜讯向上海市民广播！"杨俊和队员直奔5楼电台，半途中碰到电台经理。人民保安队告诉他国民党警察局已经投降，半信半疑的经理走近窗口探望，直到确切地看到对面警察局门口挂起白旗才给与放行。然而播音开关打开后，却没有声音。副大队长姚仁根连忙上前检查，发现播放频率被人故意拨乱了，他马上调整，终于把频率调好了。杨俊记忆犹新，播音员李云森噙着激动的泪花，

永安百货绮云阁展厅

播报了上海解放的喜讯。可以说，上海解放的第一声便是从新新公司发出的。

1949年5月25日，为迎接解放军的到来和欢庆上海解放，永安公司的地下党员赶制了一面色彩鲜艳的红旗，并冒着生命危险登上公司大楼最高处，将红旗插上绮云阁，成为上海解放时南京路上升起的第一面红旗。看到永安公司楼顶飘起了红旗，先施、新新、大新等百货公司也纷纷挂起了红旗，霎时间，南京路上红旗飘飘，夺目耀眼。绮云阁升起的这面红旗，成为了南京路上富有红色纪念意义的特殊事件。

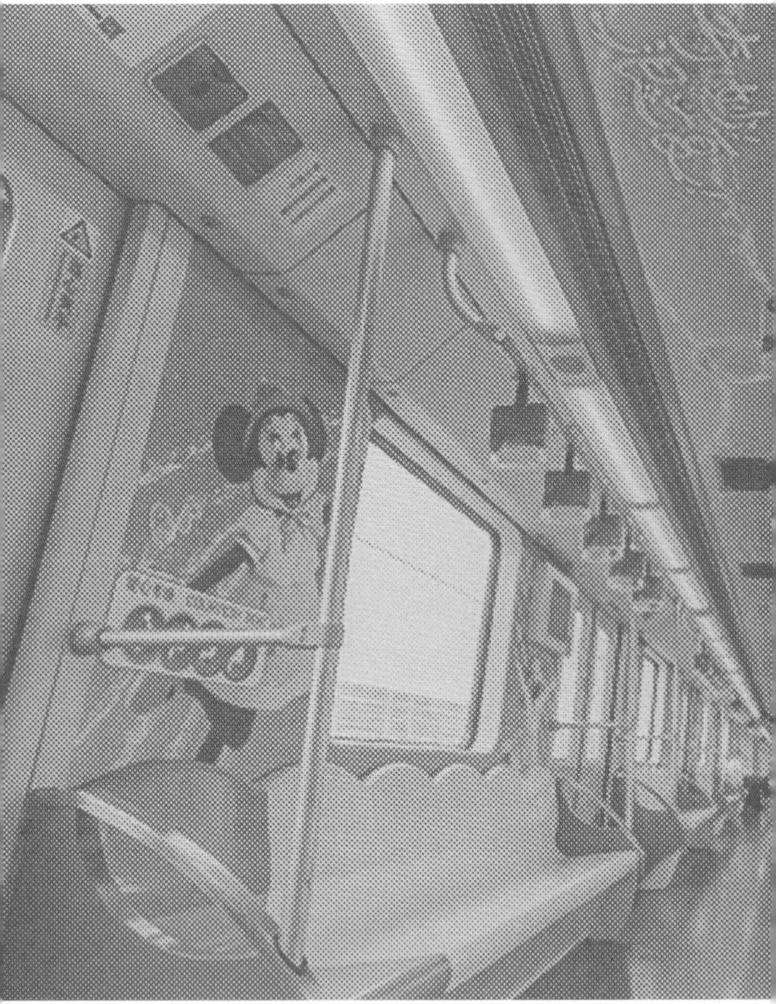

轨道上的
大都会

1958 年编制的上海市地下铁道初步规划草图

上海是典型的软土地基地区，土层含水量高，孔隙比大，压缩性高，修建地铁如同在"豆腐块中打洞"。20世纪50年代，上海开始筹划修建地下铁道，启动方案设计和技术经济论证。1993年5月地铁1号线南段建成试运营，至2023年底，上海共建成地铁线路全长831千米，车站508座，位居世界前列。

串联各方的规划

1953年苏联专家来沪指导编制城市总体规划期间，提出南北和东西两线，这个设想在上海市总体规划示意图上标示了走向，并向市人民政府作了汇报。

1956年，上海市根据中央指示，提出建造地下铁道。8月23日，市人委市政建设交通办公室编制的《上海市地下铁道初步规划（草案）》，提出上海建造地下铁道，主要是出于战备考虑。地铁，平时提供城市必要交通，战时可提供大容量的民防掩体或作为部队调动与人口疏散的运输设施。1958年8月，市地下铁道筹建处成立，将地铁作为平战结合工程，开始方案设计和技术经济论证。

筹建初期，对上海地铁埋设深度作过浅（覆土10米左右，明挖法）、中（40~60米）、深（60

1963年4月上海地下施工试验塘桥试验段

米以下至基岩层）3种方案研究。20世纪50年代末60年代初对深埋方案设计论证，并对平战结合、用盾构法施工的浅埋方案作了探索和工程性试验。1963—1964年，塘桥盾构掘进试验证实在上海饱和含水软土地层用盾构法和钢筋混凝土管片建造隧道是可行的。此后，又开展了衡山路段、漕溪路段试验。

　　同时，进行了模拟地铁车的振动试验。工程技术人员到北京地铁区间里测列车在不同工况下，在结构、道床、轨道上所产生的振动反应。为了让车厢满员，还请一些学校协助，请学生们乘坐地铁，来测数据。在掌握数据后，通过北京的土层与上海软土土层的特性对比，推算这样的列车振动在上海会产生什么样的振动效应。在此基础上建造模拟地铁列车，放到漕溪路的单双层衬砌的试验段，进行振动、定点激振。在地面和分层地下都设了测点，地面的建筑物上也都布置了测试元件。最终，在对大规模的试验资料进行综合分析后，得出地铁列车振动对地面和地下影响不大的结论。此后，人们对列车长期运营将产生的未知后果的恐惧感就彻底消除了。

1953年，苏联专家来沪，提出南北和东西两线方案，南北线自徐家汇经北火车站至吴淞，东西线自杨树浦经静安寺至中山公园，两线在人民广场交会。1958年，市地下铁道筹建处依据12万张随车客流调查卡作出分析，市区客流具有明显的向心作用：径向流量第一位为东西向，中山公园经外滩去杨树浦；第二位为西南至东北向，徐家汇经人民广场去吴淞；第三位为南市经曹家渡去真如。规划设计方以此为依据进行线路规划。1959年，市地下铁道筹建处和公用事业局对全市109万职工作居住点至工作点的交通分析，认为其流向为以人民广场为中心，呈环形放射3环8向。从1958年起，市地下铁道筹建处编制了三线一环、四线一环、四线二环等一系列深、浅埋比较方案及相关图纸。这一时期编制的地下铁道规划采用直径线和环线组成路网，将城市主要工业区、居民区、交通大集散点和军政首脑机关连接起来。

1964年、1965年、1973年和1975年，上海对地下铁道路网进行局部调整。一直到八〇年代中期，由不同部门提出过近30个方案，主要方案有3个：三线半一环方案、四线一环方案、七条线方案。

如火如荼的建设

1964年8月，市城建局隧道工程处完成自漕河泾，经文化广场、人民广场、北火车站、彭浦工业区、张庙居住区，至吴淞水产路的地下铁道选线规划，全长30.38千米。1965年，开始在衡山公园至襄阳公园间进行试验性建设。

1983年，为配合上海市城市总体规划中发展南北两翼的指导思想，加强市中心至闵行、金山卫和吴淞、宝山的客运交通联系，市计委、市建委组织市规划局、公用局、铁路局、市政工程局共同编制《建设南北快速有轨交通线建议书》。建议交通线由金山经市区至宝山，分为3段：南段从新龙华石龙路至金山，因客流量较小而距离较长，开行市郊列车；中间市区段采用规划的地下铁道一号线南段，自石龙路至新客站；北段自人民广场循地下铁道四号线线位至北火车站，然后沿淞沪铁路建设高架道路，经江湾车站后再沿逸仙路、同济路至宝钢。

1984年，地铁工程计划任务书中提出，徐家汇至人民广场段线路改走社会效益和经济效益较好的淮海中路。以后又将南段线路延伸至锦江乐园，1993年规划又延伸至莘庄。1986年7月4日，上海市政府向国务院呈报《上海市关于建设新龙华至新客站地下铁道工程项目建议书》。1986年8月14日，国务院批复同意。

1990年地铁1号线1期工程开工。建设中，面对复杂地质条件，建设者迎难而上，将技术难题一一攻克。当盾构机挖掘隧道时，工程技术人员根据地质、埋深、环境等条件的变化，快速优化施工参数，从而有效控制地面变形。通过设计、材料、施工、维护保养、附加措施相结合的综合治理，实现了地铁结构自防水。

南段建设时间紧，任务重，建设者压力很大。为确保进度，专家和指挥部的工程技术人员一起商讨。一位工程师提出，隧道里上下行两个区间都开通，时间肯定来不及，可以先开通一个区间，到时候隧道里就放一列车，5个车站6千米多，十几分钟一班，一列车来来回回地开，完全可以满足群众乘地铁观光的需求了。于是，建设中就先把一条隧道全部做好，铺上轨道。因为很多设备接触网、电

1993年5月28日，上海地铁1号线南段开通

缆、照明系统都安装在隧道里，需要做限界试验。建设者就在柴油轨道车上做了与车辆限界大小一样的木架子，轨道车在隧道里开一遍，看看有什么问题，结果一切顺利。1993年1月10日，列车进洞，开了几个来回，没问题，于是派发观光票，市民群众开始乘地铁观光。

1993年5月28日，1号线南段建成试运营。1995年4月10日，1号线建成开通试运营。1号线南起新龙华，北至新客站，全长14.41千米。1号线的建成通车，是上海轨道交通建设史上的一个里程碑，它见证了上海改革开放"一年一个样，三年大变样"的巨大成果，表明了上海的城市现代化建设已经进入了一个新的发展阶段，标志着上海正式迈向具有现代化、立体化、大容量特征的城市综合

上海地铁1号线试通车观光券

交通新纪元。1号线延伸段工程（锦江乐园至莘庄）于1996年12月28日建成开通运营。此后，1号线北延伸段1期（上海火车站至共富新村）于2004年12月28日开通运营。该段后又延伸至富锦路。

1963年5月，市城建局隧道工程处进行地下铁道第二直径线的选择，该线自西郊公园起，经中山公园、静安寺、人民广场、提篮桥、军工路至浦东高桥。1990年4月,完成可行性研究报告。1990年，浦东开发开放，地铁2号线通往浦东成为必然趋势。1991年7月，市地铁工程建设指挥部与浦东开发办公室等单位研究后，提出地铁2号线及浦东线路走向方案设想。1993年3月，市建委科学技术委员会评估认为，2号线走向以虹桥机场至浦东花木地区为好。

建设中的地铁

  1992年12月25日,市规划院编制2号线选线规划。1993年11月20日,市建委批复同意,2号线西起虹桥国际机场,沿天山路向东,经北新泾、中山公园、静安寺、南京西路、人民公园,再沿南京东路过黄浦江,经陆家嘴路、杨高路至花木地区,向浦东国际机场的延伸方案,另作进一步研究。2000年6月11日,2号线1期工程建成开通运营,与1号线形成了申城地下轨道交通纵横交错的格局,极大方便了浦江两岸的市民出行。2号线可与除5号线、浦江线外所有线路换乘,日均客流量上海第一。

地铁4号线停车库

3号线（明珠线）于2000年12月26日建成开通，后又开通北延伸线。3号线利用老沪杭铁路内环线和淞沪铁路改造而成，既节约成本，又构建起上海市区轨道交通网络的基本框架，沟通了中心城区与南北两翼的公共交通。4号线（明珠线二期）大木桥路站至蓝村路站于2005年12月31日C字型开通，鲁班路站至塘桥站于2007年12月29日开通，形成O字形运营。4号线全线在内环线以内运行，为上海地铁唯一的环线，大多数车站为换乘车站，开通后大大便利了换乘乘客的出行。5号线（原称莘闵轻轨）于2003年11月25日建成开通。建成之初，全线在闵行区内，后又延伸至奉贤区。

上海获得2010年世博会申办权后，中共上海市委、市政府审时度势作出战略性决策，把"安全、快捷、大容量"的轨道交通作为确保7000万参观客流出行的骨干交通方式。世博会的大流量交通需求，给上海轨道交通大发展创造了千载难逢的契机。2005年11月17日，市委、市政府召开市有关部门和轨道交通沿线各区的区委书记、区长座谈会，再次动员推进上海城市轨道交通建设。市委要求紧紧抓住2010年上海世博会契机，坚持把加快发展轨道交通作为实施公交优先战略的重中之重，集全市之力，切实加快上海城市轨道交通建设。会议提出2010年上海轨道交通运营里程达到400千米的目标。

建设中，最高峰的时候需要100台盾构机。现成没有那么多盾构机，指挥部就超前采购。当时用的大部分是进口盾构机，采购周期根本跟不上。正巧，上海隧道公司制造了国产盾构机，于是指挥部就直接到隧道公司预订。施工方还没进场，施工单位也不知道是哪家，盾构机就已经预订，指挥部并且向隧道公司保证以后中标单位一定来购买。这样提前预订，当施工方明确后就不用等盾构机的制造周期了。

2004年至2009年的5年间，上海地铁建设

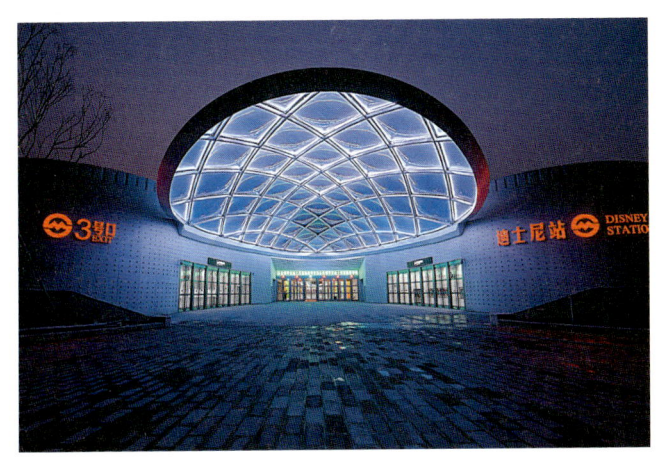

上海地铁迪士尼站夜景

完成工程投资近1500亿元，完成动迁单位及居民13600余户，新建成的线路长度达330千米、车站200多座。由于上海地质条件复杂，建设者攻克了深基坑开挖、盾构推进、旁通道施工等一系列技术瓶颈，创造了100台盾构机齐头并进，100座车站同时建设、100千米新线同时投运等一系列建设记录。

6、8、9号线于2007年12月29日建成开通。世纪大道站实现2、4、6、9号线四线换乘，为上海日均客流量最大的地铁站。7号线于2009年12月5日开通，后又延伸至美兰湖。10号线于2010年4月10日开通，为上海首条全自动驾驶地铁线路，也是全国最早的全自动驾驶线路之一。11号线于2009

迪士尼专列（周益海 摄）

年12月31日开通，为上海唯一、全国首条跨省地铁线路，连接上海市和江苏省昆山市。11号线全长82.4千米，建成时不仅是上海地区最长的地铁线路，也是中国单程最长的地铁线路。至2010年，上海轨道交通网络基本建成，既为世博会参观客流出行提供了保障，也从根本上解决了城市交通出行难的难题，推动了社会经济的发展，改变了城市面貌。

世博会后，上海轨道交通新一轮近期建设规划调整方案通过国家审批。面对运营里程与网络客流快速增长、员工队伍加速扩大的挑战，上海申通地铁集团公司提出"两个转变"发展战略，推进工作重心"由重建设向重管理转变，由单线管理向网络化运营管理转变"。至2023年底，轨道交通建成线路包括1—18号线、浦江线、磁浮线，线路全长831千米，车站508座，位居世界前列。

车辆、车票与车站

上海地铁5、6、8号线采用上海小型车（C型车），C型车端车长19.5米，中间车长19.4米，车体最大宽度2.6米。1、2、3、4、7、9、10、11、12、13、14、15、16、17、18号线等多数线路车辆采用国家标准规定的A型车，A型车端车长24.4米，中间车长22.8米，车体最大宽度3米。A型车载客量大于C型车。浦江线使用胶轮路轨系统和车辆。

上海地铁部分线路列车为8节编组，1、2号线列车初为6节编组，为缓解运能和运量矛盾，2007年4月起，增能扩编改造，车辆编组数由6节改造为8节。目前1、2、14号线为8节编组，8号线为6节、7节编组混合运行。3、4、7、9、10、11、12、13、14、15、17、18号线等多数线路列车为6节编组。6号线、浦江线为4节编组。5号线初为4节编组，延伸到奉贤后，改为4节、6节编组混合运行。16号线初为3节编组，后部分列车采用重联方式运营，为6节编组。

目前上海地铁1、2、14号线列车为8节编组A

世博会主题地铁票（周开来 提供）

型车，单列列车运量最大；3、4、7、9等多数线路为6节编组A型车，单列列车运量较大；8号线为6节或7节编组C型车，5号线为4节或6节编组C型车，6号线为4节编组C型车，单列列车运量较小。

1、2号线试运营之初，出售观光票。1995年4月至1999年3月，上海地铁车票为一次性的纸质车票。1999年3月至2005年12月，由纸质车票向能够循环使用的磁卡（磁性车票）过渡。2005年12月以后，由非接触IC卡取代磁卡，它在数据容量、使用耐受性、读写安全快速性等方面均优于磁卡。在票种上也逐渐丰富,有单程票、纪念票、计次票、储值票、一日票、三日票、手机票卡等多种形式。

上海地铁运营之初,实行单一票价,后逐渐实行分段计程的分级票价。2005年9月15日,票价调整,仍采用分段基准运价,起步价由2元调整为3元,起步乘距0—6千米3元(5号线为2元),之后每10千米进级,每段进级1元。

2014年5月,地铁实行按里程计价的多级票价,0—6千米3元,6千米之后每10千米增加1元。票价计算采用最短路径法,即当两个站点之间有超过1条换乘路径时,选取里程最短的一条路径作为两站间票价计算依据。同时,对站距靠近阶段100米内向下取整。如在11号线开通前,曹杨路站到常熟路站最短距离为5站,超过6千米,票价4元;11号线开通后,曹杨路站到常熟路站最短距离为4站,不超过6千米,票价3元。

2005年11月起,推出每月"满70元打9折"优惠措施。2007年10月起,地铁线路(磁浮线除外)纳入公共交通优惠换乘范围之内,每次票价优惠幅度1元,与地铁连乘优惠叠加。

上海地铁站名多以道路名命名,据统计达60%以上。以道路名命名比较符合上海市民群众的习惯。

松江南站地铁站内景

如1号线汉中路站，2号线世纪大道站，3、4号线金沙江路站，5号线银都路站等。浦江线全线6个车站均为道路名。上海地铁也有不少以区域历史地名来命名的，如老西门站、豫园站、大柏树站等。

地铁运营中，有部分车站根据运营需要、乘客需求及城市文化特征而改名。2号线开通初期，人民广场站东西两站分别为河南中路站、石门一路站，为体现南京路中华第一商业街的地位，且规划中没有新的地铁车站可用南京路命名，故石门一路站更名为南京西路站，河南中路站更名为南京东路站。1号线黄陂南路站更名为一大会址·黄陂南路站则进一步彰显了上海深厚的红色文化底蕴。部分车站因地面设施更名而更名，如2号线浦东国际机场站更名为浦东1号2号航站楼站;9号线松江南站站因铁路松江南站更名为上海松江站而更名为上海松江站站。因4号线和6号线均设有浦电路站,且二站不属同一车站,故4号线浦电路站更名为向城路站。

推动城市发展

上海地铁的建成运营对上海城市发展、市民生活方式的改变有巨大推动作用。

地铁助推上海中心城区从中山环路逐步扩大到外环线,并进一步向外扩展,推动中心城区建成区面积不断扩大、人口不断增加,推动上海市中心区域的旧城改造,极大改变了城市面貌。地铁有力助推浦东开发开放,20世纪60年代规划的2号线自西郊公园起,经中山公园、静安寺、人民广场、提篮桥、军工路至浦东高桥。1990年浦东开发开放,2号线通往浦东成为必然趋势,后确定2号线西起虹桥国际机场,沿天山路向东,经北新泾、中山公园、静安寺、南京西路、人民公园,再沿南京东路过黄浦江,经陆家嘴路、杨高路至花木地区。后又进一步延伸至浦东国际机场,大大促进了陆家嘴、花木、张江等地的开发开放。6、9、16号线等推动了金桥、外高桥、上海自贸试验区、临港新片区等地的发展。

地铁有力推进了上海城乡一体化发展。3、5、6、9、11、17号线等推动了上海市郊的新城建设和中心镇建设，如嘉定、青浦、松江、奉贤、南汇等新城均有地铁与中心城区相连接。9号线途经松江区的九亭、泗泾、佘山、洞泾等镇以及松江新城，加快了该区域的人口导入和基础设施建设。

地铁推动了上海城市区域布局的调整。如1号线在规划建设过程中，徐汇区邀请城市规划设计机构对徐家汇的开发做规划方案，形成包括天空、地面、地下形态，功能齐全的城市规划，徐家汇地区的建设、改造与1号线的建设基本同步。徐家汇地区的主要商业项目大多数在1号线完全通车前完工。徐家汇站设置多个出入口，将主要的商业体连接起来。1号线开通后该地区商业销售额大幅增长，徐家汇地区逐渐成为上海的城市副中心，并进一步发展为城市中央商务区。再如1号线规划之初走复兴路，后改走经济社会效益更好的淮海路，对淮海路地区发展有很大的加持作用。

地铁助推了上海产业结构的调整升级。地铁助推中心城区产业"退二进三"的产业结构调整，推进工业向郊区发展、服务业向市区以及郊区地铁沿线集中。同时，地铁使中心城区的集聚效应更为明显，使金融、会展、咨询等现代服务业向中心城区集中，

地铁 16 号线站台及列车（翟辉 摄）

尤其是向浦西内环以内、浦东陆家嘴等地集中。

地铁助推了市民群众生活方式的改变。地铁网络的建成，使商业娱乐设施向市中心区、郊区地铁沿线集中，便利了市民的购物娱乐。地铁加快了市区人口向中环、外环以外地区的导出，在此过程中缓解了市中心人口压力，促进了市民群众居住条件的改善。随着地铁网络的建成，地铁逐渐成为城市主要的通勤方式，极大压短了通勤时间，扩展了通勤距离，提高了通勤效率。

上海市地方志办公室 翟辉

> 延伸阅读

你所不知道的站台

上海地铁车站有地下车站、地面车站、高架车站，地下车站造价高于地面车站、高架车站，中心城区的车站多为地下车站，市郊则地面车站和高架车站居多（如5号线多数车站，1号线北段多数车站）。开通之初地面车站和高架车站站台候车区无空调设备，高温酷暑或严寒天气乘客候车体验较差，后为满足乘客需求，在地面车站和高架车站站台设置休息室，内有空调设备，如5号线部分车站。开通之初车站站台不设屏蔽门，后为确保列车运行和乘客安全，增设屏蔽门。一般在地下车站站台设全屏蔽门，如1号线人民广场站、4号线上海体育场站等；在地面车站和高架车站站台设半屏蔽门，如3、4号线金沙江路站等。但也有部分地下车站站台设半屏蔽门，如2号线人民广场站、静安寺站等。

地铁车站站台有岛式站台、侧式站台，岛式站台优点是站台面积可以得到充分利用，管理集中，车站结构紧凑，设备使用率高，乘客换乘方便等；侧式站台优点是列车进站无曲线，运行状态好，站台的横向扩展余地大，双向乘客上下车无干扰，不易乘错方向。一般来说，地下车站多岛式站台，地面车站和高架车站多侧式站台，如1号线地

停靠在站台的地铁 3 号线列车（郑宪章 摄）

下车站人民广场站、徐家汇站等为岛式站台，地面车站和高架车站汶水路站、彭浦新村站、锦江乐园站等为侧式站台。但也有部分地下车站为侧式站台，如 7 号线昌平路站；部分地面车站或高架车站为岛式站台，如 3、4 号线中山公园站。

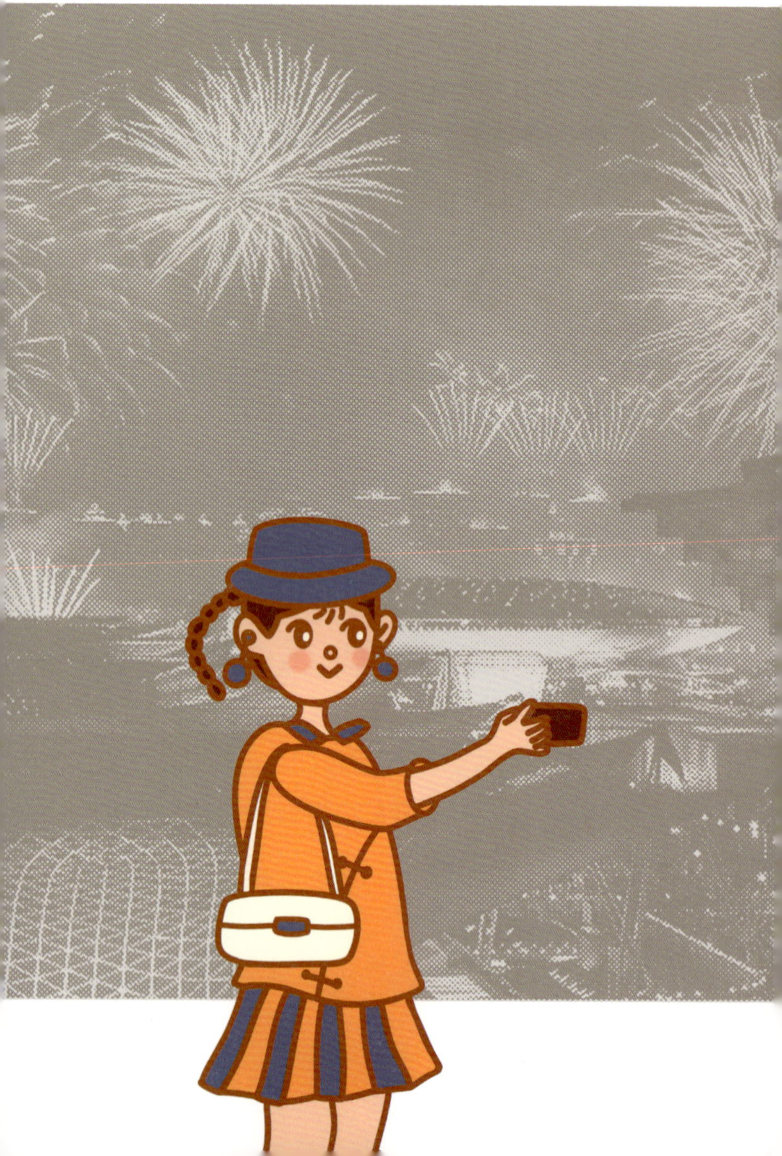

地标，
城市的风景线

1954年5月4日,上海解放后建造的第一座大型公共建筑中苏友好大厦开工典礼(上海市档案馆 提供)

如果以一种具象化的形式呈现75年来上海取得的发展成就，如果用一种特有的"语言"反映上海的风貌、特征、历史积淀与文化形象，不同时代的"地标"无疑是一个很好的选择。通俗讲，地标就是指一地非常独特的建筑物或者自然景观、人文景观。它既是"时尚策源地"，能够融合并影响时尚潮流；又是"约会中心"，能够满足大众多方面需求；还是"城市外景地"，能够成为区域或城市的风景线。

1949年新中国成立后，上海逐渐由单一功能的工业城市转变为多功能中心城市，进而成为国际化大都市。上海的地标不仅包括了新中国成立后兴建的不同时代典型地标，而且包括了新中国成立后性质发生改变的上海近代城市地标，它们承载着历史的厚重和发展的朝气，是城市家谱和相册的一项重要内容，充分体现着新中国的上海贡献、智慧、经验和引领。在与这些地标的相遇中，人们能够追溯记忆、感受人文，走近上海、更爱上海。

"人民的"新上海建设

1949年后到改革开放前，上海城市建设主要是解决广大普通市民的住房问题，解决公共的基础建设问题，尤其是建设原租界以外地区。结合旧区改造，建造了曹杨等数百个工人新村（1952年，上海建成首个工人新村——曹杨新村）。20世纪50年代出现的很多时代标识，充分体现了新生的人民政权性质，体现了"人民的"新上海建设。1950年9月30日，由东方饭店改造装修而成的上海市工人文化宫揭幕启用。1952年4月，逸园跑狗场被改建扩建为"人民文化广场"（同年11月改称"文化广场"），成为上海举行大型集会和文艺演出的重要场所。1952年10月，"远东第一跑马厅"改建为"人民广场"和"人民公园"，已历90多年的"跑马场"空间回到了600多万上海普通人的生活中，成为上海人民集会的场所和休憩游玩之地。

1955年3月，中苏友好大厦（1968年更名为上海展览馆，1984年改称上海展览中心，今延安中路1000号）建成，大厦顶端的红五星一度成为上海城市天际线的最高点。"那时候，这幢建筑太有名了，明信片上都印着它。""是当时上海最著名的地标之一，地位就相当于现在的东方明珠。"这是老上海人对它的记忆，老上海人也更喜欢称它"中苏友好大厦"。大厦总建筑面积58900平方米，由中央大厅、工业馆、东西两翼文化馆、农业馆以及电影馆五个部分组成，是当时上海建成的规模最大、气势最雄伟的地标建筑。中央大厅顶部镏金塔高达

矗立在繁华商圈的上海展览中心（视觉中国 提供）

110.4 米，顶端的红五星之后也保持了"上海市区最高人工构筑物"的纪录。

  展馆建成后，成为上海市中心的一个著名的人文景点。本地的青年男女喜欢在这里聚会，《莫斯科郊外的晚上》《红莓花儿开》等不时在这里唱响，外地游客也会专程过来拍照留影。作为新中国成立后上海建成最早的会展场所，各种重要展览、重大会议和大型公共活动也在这里举行，这里是上海重要的政治、经济、科技、文化、旅游活动中心和对外交往的窗口之一。对上海市民来说，印象最深刻的则是 2004 年备受关注的"上海书展"在此开幕，自此一年一度的上海书展成为这里最热闹的展会之一。而今，在这里举办的上海书展，汇全国出版之精华，是出书人、写书人、买书人、读书人面对面碰撞的最强"阅读能量场"。

往昔，上海展览中心地块曾是上海县城的西郊罗家村等地。1910年，犹太富商哈同的私家花园建成，而后历经兴废。今天，上海展览中心在摩天大楼环绕下，成为南京西路商圈的重要组成部分，它敞开大门把最好资源留给人民，二十年来与上海书展一起被谈及。风雨几度沧桑，作为时代见证者，它是上海记忆的一部分，亦是上海的一部分……

擦亮上海的三张"面孔"

为早日实现工业强国梦想，20世纪五六十年代党和政府集中有限资源重点投向工业部门——上海发展成为"一个强大的综合性的工业基地"，为建立起独立的比较完整的工业体系和国民经济体系作出了重要贡献，"全国工业看上海"的美名广为传扬。然而，资源有限，上海在取得工业发展成绩的同时对城市建设投入逐渐不足，加之"文化大革命"影响，到20世纪80年代时"欠账"日益显现。而此时，随着改革开放的步伐迈开，人员交往逐渐活跃，客

20世纪80年代十六铺码头正门（陆杰 摄）

货运量等急速上升。时任市长江泽民多次指示，首先要使"陆海空"三张"面孔"变得漂亮起来，要集中力量建设上海铁路新客站、国际客运码头以及扩建虹桥国际机场。

1982年12月，在外滩南端、黄浦江畔由十六铺码头改建的上海港十六铺客运站投入使用，是当时全国规模最大的现代化水上客运站。它一经亮相便轰动一时，设有自动扶梯，7个候船室里有空调、沙发和落地门窗，在当时非常领先。鼎盛时，每年输送旅客670多万人次，白天平均半小时就有一趟航班，仅上海至重庆航线就有13条船在开……

1984年9月，上海铁路新客站工程破土动工，

20 世纪 90 年代的虹桥机场（陆杰 摄）

经过近万名建设者三年零三个月的艰苦奋斗，1987年 12 月 28 日，一座崭新的火车站在当时的闸北区苏州河北岸建成，它也是新中国首个多功能综合型的现代化火车站。

此外，作为上海"空中大门"的虹桥国际机场，也迎来改变。1984 年、1991 年和 1995 年，有关部门对候机楼、机场跑道、停机坪等进行了三次扩建。此前，1983 年，机场更新设施，配备先进的导航台、着陆雷达等盲降设备以及能直接观察空中飞机的高度、方位、机型和载油量的二次雷达。1984 年,扩建、改建候机楼，候机楼面积达 2.13 万平方米。1985 年，经由虹桥国际机场达香港、东京、长崎、大阪、旧金山、洛杉矶、纽约等地的出境航线达 7 条，至南京、天津、北京、西安等地的国内航线达 32 条，客运量 188.9 万人次，货邮运 6 万吨,服务功能明显提升。

1997年，浦东国际机场一期工程开工，在南汇县征用土地497.4公顷。1999年9月，建成通航。浦东国际机场被定位为国际大型航空枢纽，其主体建筑航站楼体量庞大，建筑面积27.2万平方米，造型别致，极富动感，夜来灯光一片灿烂，似银河泻地。航站楼由主楼和候机长廊两大部分组成，均为3层结构，由两条信道连接，到港行李输送带13条，登机桥28座，可供18架大型客机和10架中型客机同时停靠。整体造型像凌空展翅的海鸥，寓意新世纪上海的腾飞。

上海铁路新客站、国际客运码头和虹桥、浦东两大国际机场，这四张"面孔"擦亮了上海城市面貌，为之后发展打下了良好的城建基础，也留下了一段历史记忆。

上海现代化建设的缩影

1990年4月18日，中央宣布实施浦东开发开放国家战略。1992年，上海提出"开发浦东、振兴上海、服务全国、面向世界"的工作方针，浦东开发驶入快车道。

东方明珠广播电视塔（简称东方明珠塔），是浦东开发开放后第一个重点工程，位于陆家嘴地区，

矗立在黄浦江畔的上海东方明珠塔
（视觉中国 提供）

与外滩隔江相望。1994年11月建成后，成为上海的标志性景观，也是上海对外宣传的重要窗口。主塔的实际地面标高468米，在当时仅次于加拿大多伦多电视塔（553.3米）和俄罗斯莫斯科奥斯坦金电视塔（533.5米）。塔体总重量12万吨，是法国巴黎埃菲尔铁塔的17.1倍。11个大小不一的球体，从蔚蓝的天空高低错落到绿茵草地，有"大珠小珠落玉盘"之感，其中的2个巨大球体宛如红宝石晶莹夺目。上海最繁华的南京路、淮海路、四川路恍如"明珠"的辐射线,每条路上都可见电视塔的身影。无疑,东方明珠塔是上海最耀眼的地标景观。

1999年9月27—29日,20世纪最后一次《财富》世界论坛在上海浦东举行,世界500强的CEO们云集黄浦江东岸的东方明珠塔脚下刚刚落成的上海国际会议中心论坛现场。2001年10月,新世纪的首次APEC会议在上海的成功举行,让世界重新认识了中国,重新认识了上海,这也是上海浦东和世界的一次重要"握手"。美国有线电视公司(CNN)报道称:在改革开放的浪潮中,上海重现"东方巴黎"的迷人风姿。良好的投资环境和日益完善的市场功能,使得上海正在对世界产生越来越强的吸引力。到上海去,到中国去,成为大家不约而同的选择。

今天的陆家嘴核心区,468米的东方明珠塔(1994年11月对外营业)、420.5米的金茂大厦(1998年8月竣工)、492米的环球金融中心(2008年8月面向公众开放)、632米的上海中心(2016年3月建筑完工)……共同构成世界著名的城市天际线。在云端,360°一睹魔都时尚风貌,眺望黄浦江两岸都市风光,欣赏朝霞、落日、瞬息万变的蓝天白云以及夜幕降临时外滩的流光溢彩和黄浦、杨浦、卢浦等大桥的彩练灯火,妙不可言!

1990年浦东开发开放后,黄浦江两岸真正连

2023年，陆家嘴航拍（寿幼森 摄）

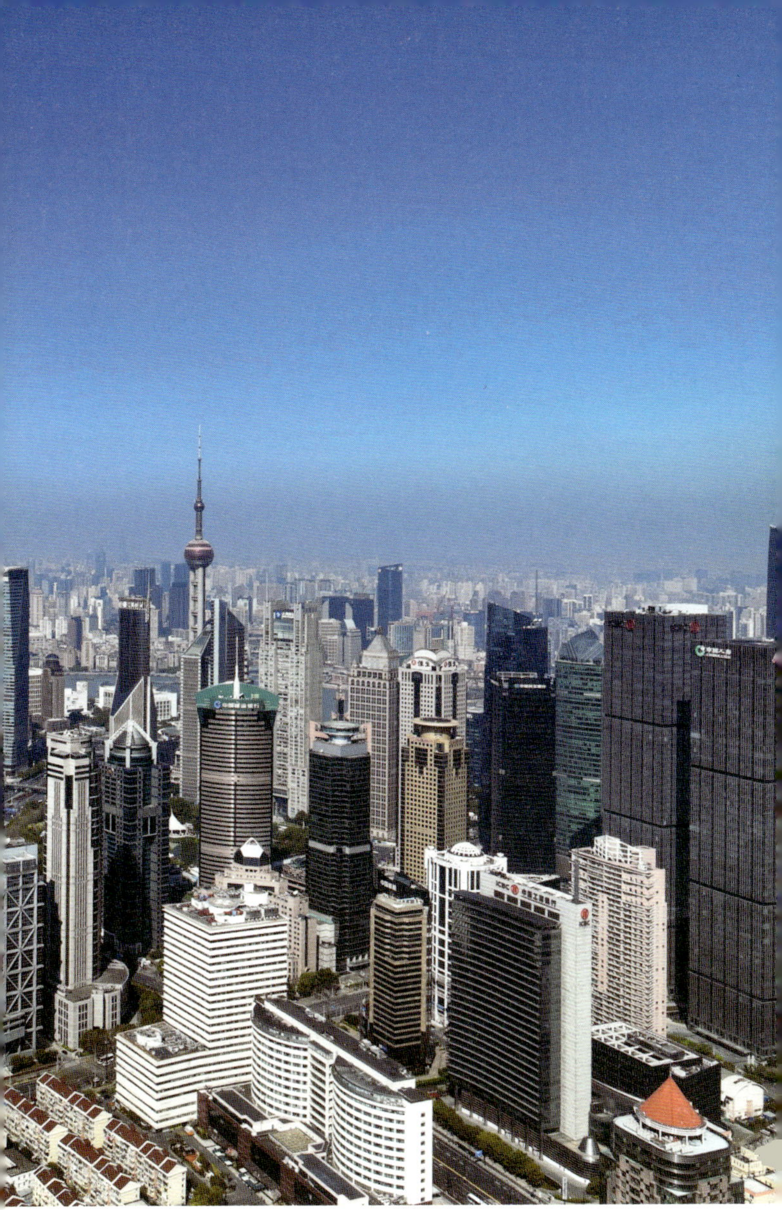

南浦大桥连接黄浦江两岸（视觉中国 提供）

成一体。1991年，上海市区第一座跨越黄浦江的大桥——南浦大桥建成，被誉为"上海的百年大计"。此后，杨浦（1993）、奉浦（1995）、徐浦（1997）、卢浦（2003）、松浦二桥（2006）、闵浦（2010）等

大桥陆续建成。隧道也在不断增加，从黄浦江下游到上游先后建成外环越江、长江路、翔殷路、军工路、大连路、新建路、延安东路、人民路、复兴东路、西藏南路、打浦路、龙耀路、上中路、虹梅南路等

隧道。至 2024 年，黄浦江上已有 13 桥 17 隧，极大地方便了浦江两岸的交通，过江时间从乘轮渡的两三个小时缩短到六七分钟。更为重要的是，改变着过江方式的同时，更改变着上海市民的心态，改变着上海城市的发展。

随着浦东的开发开放、浦江两岸联动发展，黄浦江由之前城市"边缘"的河流演变为上海城市空间的核心，从"边界"成为城市发展的主轴，其功能和景观随之作出调整和提升——上海港区外移长江南岸和洋山港，黄浦江两岸由生产性岸线向公共开放空间转型。2010 年举办的上海世博会，正是黄浦江两岸空间转型的重要实践和展示。近代以来，黄浦江两岸主要分布着码头、仓库、工厂，生活服务用地的比例极小，将工业地带转化为公共开放空间则释放了城市功能提升和可持续发展的潜能。与此同时，保护性更新滨江地区的历史文化风貌区和优秀历史建筑，延续了历史文脉，展现了文化魅力。2017 年底，中心区段（杨浦大桥至徐浦大桥两侧约 45 千米岸线）滨江公共空间全面贯通，成为上海市民漫步、休闲的好地方，也为体育、文化、旅游等功能的集聚创造了条件。黄浦江致力打造世界级滨水区域，为上海建设卓越的全球城市提供重要支撑，是名副其实的上海地标河。

城市，让生活更美好

2002年12月3日，上海全城沸腾——在摩纳哥蒙特卡洛举行的国际展览局第132次会议上，中国上海经四轮角逐以54票赢得2010年世界博览会举办权。

2010年上海世博会的主题是"城市，让生活更美好"，体现了人与自然、经济与环境协调发展的理念，这是世博会历史上第一次出现"城市"主题。自获得主办权后，上海开启了将近8年的筹备工作，从土地储备、场馆建设、环境整治、设施配套、志愿者招募等方面着手，动员全市力量，确保办好这一盛会。

晨曦初现，薄薄的雾霭正渐渐散去，驱车在卢浦大桥上刚过黄浦江，一座红色建筑的顶部就出现在视野中了。这座建筑就是2010年上海世博会的标志性建筑（今中华艺术宫，浦东新区上南路205号），也是得以永久保留的国家展馆。其主体造型雄浑有力，大量运用中国传统建筑中的梁柱结构从而塑造出标志性的斗拱形象，寓意"东方之冠，鼎盛中华"。同时使用红色为主要元素，充分体现了中国自古以来视红色为吉祥的理念，更能体现出喜

2008年,中国馆建设中(陆杰 摄)

庆的气氛。在大型建筑中使用红色是非常具有挑战性的,红色的波长强、刺眼而跳跃,最终经设计团队反复测试,决定借用"故宫红",采取从上到下、由深到浅四种红色的"退晕"渐变,上面重一点下面轻一点,既传统又时尚,丰富了中国红的内涵,使整个建筑呈现出一种层次感和空间感,更富生气和活力。

2012年10月,上海美术馆迁入中国馆。中国馆华丽转身为中华艺术宫,延续、担负起上海美术馆的历史职能,是上海地区唯一的国家级重点美术馆,上海城市文化地标之一。馆高63米,展示面积近7万平方米,内设6层35个展厅,是一座馆

2010年5月1日，上海世博会正式开园

藏艺术品（国画、油画、书法、版画、雕塑、皮影等类）近两万件的大型近现代美术博物馆，集收藏保管、学术研究、展览展示、公共教育、国际交流、数字服务以及文创产业于一身，它更塑造了周边艺文活动空间，群聚文化、艺术、休闲等多方价值，树立了上海艺术发展史上的里程碑。

  2010年的上海世博会虽已远去，但世博带来的深刻影响和变化将继续让城市、让市民生活变得更加美好。世博会后，在"一江一河"的城市总体战略布局中，由中国馆转身中华艺术宫而拉开了浦江两岸的文化带发展，展开了后世博时代的文化蓝图。至"十四五"期末，世博地区文化场馆布局更为丰富，沿黄浦江东岸世博岸线自北往南，形成梅赛德斯奔驰文化中心、世博文化公园、上海大歌剧院、马术中心等一系列高水平文化设施矩阵,世博地区观众坐席数突破6万个,规模上接近纽约百老汇、伦敦西区,每年客流量预计突破千万人次。

2000年底前,上海全部拆除"365危棚简屋"的预定目标顺利完成,市民纷纷告别"鸽子笼",圆了多年的住房梦。被称为上海"天字第一号"难题的八九十年代住房问题,终于解决。要使居民圆满地动迁是一件非常不容易的事情,而且,非常重要的一点是,上海在拆旧建新的同时,坚决不做"体躯极沉而肺叶极小的畸形巨人",在很多区域进行了绿地配套建设,城市面貌随之美丽起来。

2001年1月5日,一个带有近1.2万平方米人工湖的大型公共绿地——太平桥绿地建设工程正式开工。太平桥地区是原卢湾区旧区改造的重点之一,太平桥绿地建设则是总体改造规划的一部分。2001年6月8日竣工,建设期仅用了5个月,堪称建设时间最紧、建设难度最大的绿地之一。

历史上的太平桥地区,是位于老城厢以西的大块农田,有较大的河浜和一些著名的桥。1900年,法租界第二次扩张时填浜拆桥,致该地区只留下了桥名。解放后的太平桥故地,成为以中共"一大"会址为中心,紧傍淮海路商业街,居住密度极高(户均居住面积仅22平方米)生活环境很差的老居民

太平桥地区,新旧建筑的和谐(郭长耀 摄)

区。1996年,卢湾区邀请编制太平桥地区改造总体规划;1997年,规划得到市规划局批准;1998年,启动"新天地"开发改造;2000年,决定先提升环境后造楼,"绿化开路",启动太平桥绿地建设工程。今日的太平桥地区,人文景观、现代化商住区、旅游休闲与绿化生态有机结合,石库门建筑韵味、现代商业气息、城市绿地相得益彰,旧里新辉绽放魅力光彩。太平桥绿地改善了老城区景象,使太平桥地区的整体环境质量和居住水平大大提升,为商业中心的开发打下了坚实基础,也为上海红色地标——中共一大会址增添了色彩。

2021年5月,太平桥公共绿地全新亮相。为迎接建党100周年,提升中共一大会址区域的整体氛围和环境,太平桥绿地进行了整体改造,重点打造红色植物飘带,包括大量采用色叶树种和多年生开花宿根花卉,乔木以红橙两色作为主要色彩,下层花卉以蓝绿作为基底,以此映衬党的诞生地。红色象征革命和共产党人的激情,橙色象征光明、温暖和对美好生活的向往。

进入21世纪后,上海市中心还先后新建了世纪公园、延中绿地、徐家汇公园、虹桥花园、古城公园、黄兴公园、大宁灵石公园、长寿公园、凯桥绿地、豆香园等一批标志性景观绿地。到2002年底,市区人均公共绿地面积达到7.76平方米,真正实现了从"一张报"(20世纪80年代到90年代初,人均绿地面积0.45平方米左右,相当于一张报纸的大小)到"一间房"的转变,空气更新鲜了,上海城市的颜值也更靓了。

面向世界,拥抱未来

今天的上海,城市人口从1949年的500多万增长到了2487万,已成为中国最大的经济中心城市。上海在更高起点上全面深化改革开放,着力培

黄浦滨江南外滩段,从古城公园眺望浦东(郑宪章 摄)

育新质生产力,并随着综合实力和影响力的提升,积极探索人民共建共治共享的城市发展的上海特点和中国特色,向世界展现"中国之治"新境界。

国家会展中心(上海)由商务部和上海市政府联合共建,2011年12月开工建设,2014年9月竣工,2015年投入使用,总建筑面积155万平方米,集展览、会议、活动、商业、办公、酒店等多种业态于一体,享有"世界级会展窗口"的盛誉。会展中心可展览面积50万平方米,综合体共16个展厅,全方位满足大中小型展会需求,每年接待数以百万计的全世界各行业从业者参展。主体建筑,以伸展柔美的四叶幸运草为造型，采用轴线对称设计理念，以中央广场为花心，向四个方向伸展出四片脉络分明的叶片状主体，形成更具有标志性和视觉冲击力的集中式构图，寓意和美吉祥，以蓬勃轻盈之姿祈福中国与世界共享和谐发展。因这一独特的造型，国家会展中心（上海）也被亲切称为"四叶草"，是上海市的标志性建筑之一。

2018年11月5—10日，第一届中国进博会在"四叶草"成功举行。作为世界上首个以进口为主题的国家级展会，国家展、企业展、经贸论坛、高新产品……亮点纷呈。进博会吉祥物主体形象是中国国宝大熊猫，取名"进宝"，既有"进口博览会之宝"含义，又有"招财进宝"的吉祥寓意。"进宝"围着一条绣有进博会标识的蓝黄色围巾，黄色代表"丝绸之路经济带"，蓝色代表"21世纪海上丝绸之路"，黄蓝色调体现了进博会与"一带一路"倡议的紧密联系。"进宝"手持的四叶草，既应和了进博会的举办地国家会展中心（上海）的主体建筑造型，又具有幸福幸运的象征意义。国家会展中心（上海）已被确定为中国进博会的永久性举办场地，"四叶草"因中国进博会而更加令人瞩目。

中国进博会已经连续举办6届，每一届都吸引了来自世界各地的参展商和采购商。举办进博会，

中国国际进口博览会主会场——国家会展中心(上海)鸟瞰(赵立荣 摄)

是中国着眼于推动新一轮高水平对外开放的重大举措,是促进全球贸易、推动建设开放型世界经济的实际行动,它不是中国独唱而是各个国家的大合唱。

万里长江,浩浩汤汤,东流入海。从"上海的新中国地标"中,不仅能领略景观之美,更能深切认知上海的城市发展和变迁。对历史的最好纪念,就是创造新的历史。展望未来,上海也必将在推进中国式现代化中充分发挥龙头带动和示范引领作用,为强国建设和民族复兴伟业贡献智慧和力量!

上海市地方志办公室下属当代上海研究所 陈畅

> 延伸阅读

"十六铺"的前世今生

"十六铺"历史悠久、作用显要,老话讲"先有十六铺,后有上海滩"。作为依水傍城的水上门户,它是上海传统的航运、商业中心,也是人流、物流进出的主要通道。地理意义上的"十六铺"始于北宋天圣元年(1023)。当时,吴淞江下游有一条支流名上海浦(即今十六铺处),岸边逐渐形成聚落,渔民、盐民、农民等常在此处交换商品、饮酒聚会。明清时代,小东门十六铺一带,商贾开店设庄,从事沿海和长江流域埠际贸易业务,逐渐生发出来的商贸市集,使十六铺地区成为一个商业中心。地名学上"十六铺"的首现,在清咸丰、同治年间。为防御太平军进攻,当时的上海县将城厢内外的商号组建成一种联保联防的"铺"(团练组织),负责治安。最终划分了从头铺到十六铺共16个铺,公事由铺内各商号共同承担。清宣统元年(1909),上海县实行地方自治,各铺随之取消。因为十六铺地处上海港最热闹的黄浦江边,客货运集中,码头林立,来往旅客和上海居民口耳相传都将这里称作"十六铺码头",甚至一度成为上海港的代名词,故作为一个地名十六铺沿用至今。民国年间,十六铺泛指今东门路到复兴东路的沿江地段。

1949年后,原金利源码头归属上海港务局,以客运为主,

2003年,"紫竹林"号最后一次停靠十六铺码头
(上海档案信息网 提供)

定名"十六铺码头",每天迎送着南来北往的大量旅客。至此,十六铺又专指这个客运码头。1982年,在东门路以北建成新的客运码头和候船大楼,小东门以北也被称作十六铺。总之,20世纪的十六铺区域,是随着客运码头的迁移有所变化的。20世纪90年代后,随着航空、铁路、高速公路等其他交通运输业的发展,水运业不断萎缩,进出十六铺的客流日渐稀少。1999年,上海至南通的申通直达客运航班在最后一班客轮的汽笛声中退场。此后,每隔几月都有一条客运航线停航。2001年6月,曾经客流量最大的一条航线——申甬线停航。同年10月,长江中下游历史悠久(1873年由轮船招商局开辟)、航线最长的客运航线——武汉至上海的汉申线退出客运市场。至此,长江中下游客运历史告一段落。2004年初,客运码头北迁吴淞。2004年12月2日凌晨1时,客运大楼实施控制爆破。2010年,"十六铺"华丽变身"十六铺旅游码头",昔日的货运堆场、工厂仓库、客运码头被大型公共绿地、现代化水上旅游和商业配套设施所替代,成为水陆游憩衔接的滨江空间、外滩延伸线的水景岸线,让人流连忘返。

图书在版编目(CIP)数据

申活志 / 上海地方志办公室编. -- 上海：上海文艺出版社，2025. -- (上海微志). -- ISBN 978-7-5321-9241-0

I. K295.1

中国国家版本馆 CIP 数据核字第 20253DB417 号

策 划 人：杨 婷
责任编辑：李 平　程方洁
整体设计：李 静
设计排版：袁银昌平面设计工作室　李 静　胡 斌

书　名：申活志
编　者：上海市地方志办公室
出　版：上海世纪出版集团　上海文艺出版社
地　址：上海市闵行区号景路 159 弄 A 座 2 楼　201101
发　行：上海文艺出版社发行中心
　　　　上海市闵行区号景路 159 弄 A 座 2 楼 206 室　201101
　　　　www.ewen.co
印　刷：上海雅昌艺术印刷有限公司
开　本：787×1092　1/32
印　张：8.5
印　次：2025 年 2 月第 1 版　2025 年 2 月第 1 次印刷
ISBN：978-7-5321-9241-0/K.500
定　价：68.00 元

告读者：如发现本书有质量问题，请与印刷厂质量科联系
　　　　T:021-68798999